FOR₂

FOR pleasure   FOR life

Recognizing the Light Speed Generation

Embracing the Educator within You

認出光速小孩

擁抱教育現場的自己

▼△▼▲▽△▼▲▽△▼▲▽△▼▲▽△▼▲▽△▼▲▽△▼▲▽△▼▲▽△▼▲△

潘如玲————著

Contents ▰▰▰△▽△▽△▽△▽△▽△▽△▽△▽△▽△▽△▽△

推薦序

認出的瞬間，教育開始了 ／吳曉樂　　　　　　　　　008

認出的無窮可能 ／王慧芳 Rita　　　　　　　　　011

校準生命頻率 ／陳玄恩　　　　　　　　　　　　013

前言

一個認出的機會　　　　　　　　　　　　　　　017

PART 1　往外！動盪的教育現場

停不下來的改革火車　　　　　　　　　　　　024

亟需精準的光速時代　　　　　　　　　　　　029

前面的改革據說錯了　　　　　　　　　　　　035

請問誰是真正受害人？　　　　　　　　　　　040

老師演出聖人與剩人　　　　　　　　　　　046

光速小孩認真不認假　　　　　　　　　　　053

大人說真的還是假的？　　　　　　　　　　058

未被認出的中間孩子　　　　　　　　　　　065

PART 2　往內！好好玩的馬雅旅程

Power 教師面臨的震撼　　　　　　　　　　070

心會說話的那一年　　　　　　　　　　　　074

好好玩的能量　　　　　　　　　　　　　　079

2012 藍風暴年遇見馬雅　　　　　　　　　　081

起心連結馬雅與教學現場　　　　　　　　　088

生命中的分享功課　　　　　　　　　　　　092

PART 3 星子回家：20 個印記能量故事

文字冒火的少年 098

忘記自由的小祭司 103

怕面試大哭的學霸 110

接納家庭離散的男孩 116

化苦難為光的少年 122

進入月亮的少女 127

妙手生世界的老師 132

終於亮起來的老師 137

泡在低潮裡的孩子 144

放棄單純的男孩 148

全力戲耍的教室 153

毛遂自薦的英雄 158

消失一晚的小飛俠 162

害怕「空」的哲學家 169

學會孤單的女孩　　　　　　　178

努力不拚命的鋼鐵人　　　　　185

不喊累的導航者　　　　　　　192

說不出夢想的少女　　　　　　199

一掌揮向老師的男孩　　　　　205

沒事就自責的小孩　　　　　　210

附錄： 馬雅13月亮曆法的星子印記學習

休息一下，進入馬雅頻率　　　　218

步驟一　尋回自己的星子印記　　221

步驟二　讀取馬雅知識簡說　　　223

步驟三　練習日常生活頻率校準　230

推薦序：認出的瞬間，教育開始了

吳曉樂｜《你的孩子不是你的孩子》作者

此書完全重現了小時候鑽研星座魔法書的樂趣！

得知自己是雙魚座以後，從此我的眼光彷彿多了一種濾鏡，隨意切換，可以選擇用這層濾鏡觀看自己與周遭人事的關係，也可以選擇不用，如今在藍夜老師的引介下，又多了一個濾鏡。若說十二星座來自於兩河流域上的人民對於天空星象的觀察，傳進古希臘後，得到了擴展和注入了故事的氣息，那此時我們掌間則躺著馬雅人對於星空的不同詮釋，不妨暫且視為給自己的眼界下載另一種濾鏡。但，即使抽掉這層濾鏡，單純地去觀賞潘老師跟學生們相互「認出」的過程，也能幫助有志於傳道、授業、解惑者，擴充一層對於師生關係的想像。

電影《大話西遊》中，觀世音菩薩對至尊寶說，「你還沒有變成真正的孫悟空託世，是因為你沒有遇上給你三顆痣的人，當你遇上他之後，你的一生就會改變」，至尊寶依舊逆行天下，直到一日，一個女人在他的腳底板上打上了三顆痣，這個浪蕩不羈的骨架突然就被賦予了血肉，踏上了求經的大業。我很喜歡用這個橋段來解釋師生關係，有時，學生無法成為孫悟空託世，是因為他沒有遇上屬於他的盤絲大仙，但這往往非師之過，也不是學生的錯，有些師者本來是盤絲大仙，但可能礙於要寫教學評鑑，要帶

領學生參加一堆競賽，或者是因爲班上成績在同年級敬陪末座，而必須接受某主任的諄諄教誨。即使孫悟空託世正在眼前，師者也氣脫委頓，泥菩薩過江，沒力送其上西天。更多數時候，僅僅是因爲屬性不相容，甲之砒霜，乙之蜜糖，一模一樣的語調，有些學生覺得如沐春風，也可能有些學生彷彿從老師的言詞中看見了周公已笑容可掬地擺好棋局。一如藍夜老師所言，各個教育現場的系統，本應百花齊放，隨人有隨人的因緣，若我們還執著於對與錯，那其實是忽略了人的歧異性。

回來說書名，認出，很多人以爲這過程與教育無涉，殊不知是重頭戲。

教育就是一個不斷辨認對方是誰，以及自己是誰的過程。在因材施教以前，我們得先認出、感受對方的質地，才有辦法確定這樣的一塊素材，適合以怎樣的工法來延展。而在認出別人之前，更得認出自己。因爲所謂的「材」，也會因人而異。一塊奇木，有些人笑其醜怪，視若無睹，但在有些人眼中，嶔崎不律的塊瘤可能就是藝術的寄寓。若師者沒有愼重地認識到這一點，那很有可能會在知識的流動中誤傷了孩子。看藍夜老師描述過往經歷，自己的一些傷痕也隱隱被翻攪出，其中最關鍵者，莫過於藍夜老師提及自己與同儕好不容易建立起一套班級經營模組，正是躍躍欲試之際，學生們的回饋卻讓人感到頓挫與困惑，正常情況下，很難不升起「我這麼盡心盡力，你們卻不知珍惜」的情緒，藍夜老師竟有辦法隨著時間，逐漸引導這樣的情緒到自我覺察上，「若我試圖傳達的，並不被學生領情，那除了怪咎學生，還有另外的答案嗎？」最終，藍夜老師書寫下的，竟是滿滿的歉意，她意識到自己想要「經營」、「管理」班級的念頭，被敏感的學童偵測

到了，而生命，又豈能夠容忍對方靠近自己是為了管理和經營？《小王子》中，狐狸告訴小王子建立起一段關係的方法是：「你該很有耐心。你先坐得離我遠一點，像這樣，坐在草地上。我就拿眼角看你，你不要說話。語言是誤會的泉源。但是，每天你可以坐近我一點……」

我們把孔子視為先師，孔子在春風化雨時，很少抱持著機心，他只是透過與學生大量地相處，時而潑冷水時而開玩笑，看似隨機，底下實則是內斂與自省的低調運作，教育的關鍵在於良好的互動，而互動的基礎則仰賴「不要把球回到對方接不到的地方」，因為把球回到對方必定接不了之處，那是競爭，為了證明此方的能力較強，彼方較弱，但教育的本意不是師與生的角力，沒有人會喜歡投入一場自己老是無法回球的遊戲，勢必要有自己能夠發揮、表現的時刻，才會願意繼續心甘情願地待在這個空間中。瞧，在藍夜的循循善誘下，無論孩子尋回了什麼印記，讀者有發現這本書的奇妙之處嗎？他們竟是渴望發聲的。我們老是認為當代學子沉默而無個人想法，但在藍夜老師的文字中，我們才後知後覺，不，學子們絕不是本性沉默，而是因為他們早已看清，即使認真說出自己的感受，也不會得到重視，相反地，若相信有人把自己的想法視若珍異，他們不僅願意開口，且滔滔不絕。我們認出了他們的材，我們也認出了自己是不是有辦法讓他們得其所歸的師。在這瞬間，教育開始了。

◈ 推薦序：認出的無窮可能

王慧芳 Rita ｜《2012 馬雅每日能量預言書》作者

2016 年，我首次邀請馬雅祭司來台舉辦古馬雅太陽曆法課程，那是我第一次見到如玲。我印象最深刻的事情，是她在上課過程當中，突然開始大聲吟唱起來，當下我似乎看到一位馬雅女祭司在儀式中與馬雅祖靈連結的身影。

2017 年我們再次聯繫，如玲邀請我下台中教一些老師馬雅曆法，因為根據她應用曆法的經驗，馬雅曆能協助老師，讓教育現場的工作進行得更順利。我推薦資深學員 Monica 與她合作開課，結果出乎意料獲得很大的回響和成果。無論是老師或孩子都有很大的轉變，令人振奮不已。

在《認出光速小孩》中，如玲以一位老師的角度往外看，闡述了動盪的教育環境和 2000 年後光速小孩遇到的狀況，點出了許多問題。這些外在無法改變的事實困住了老師也困住小孩。那要如何才能脫困呢？如玲的方法是運用馬雅曆法帶著大家玩，順著馬雅的能量一起往內在找尋、試驗、分享，結果老師和小孩的頻率對上，共振出了一條出路，改變了原先的僵局。20 個星子印記故事就是最好的見證。

馬雅曆法是一個活生生的東西，即使同樣圖騰與不同人共振，結

果卻完全不同，同樣的圖騰在不同的時間連結，能量也不同。每天的圖騰能量，是宇宙帶給我們解開奧秘的密碼，端看使用者如何運用和選擇帶入生活中。讓我們跳脫過去「時間就是金錢」的窠臼，傾聽馬雅人說的：「時間就是藝術。」如何以時間玩出精彩的人生，那是一種藝術，馬雅曆就是你絕佳的工具。

馬雅的關鍵與書名中的「認出」緊扣。如果每位老師（或父母）都能了解馬雅曆活生生的藝術，明白這之中每個人、每個時間點的獨一無二，藉由馬雅印記認出孩子的獨特本質是什麼樣的能量、需要怎樣的支持能量、面臨什麼挑戰、尚未被開發的潛能又是什麼，還有人生的目標該往哪個方向去等等，那麼就更能順應不同孩子的本質因材施教與輔導，減少彼此衝突，達到更好的溝通效果。

這本書適合所有老師和父母閱讀，書裡的這份「認出」，能讓老師更輕鬆、愉快地帶領學生，讓父母更了解自己的孩子、給予必要的支持。藉由認出建立彼此間的連結後，相信大家都可以從混亂的外在環境中脫困。

連結後，我們便能體會馬雅人所言：In lak'ech（你是我，我是另一個你）。

◈ 推薦序：校準生命頻率

陳玄恩｜育安診所院長／中西整合專科醫師

師者，所以「傳道、授業、解惑」者也！

處在這個百變的末法時期，不同的訊息像流星雨般的向我們飛撲而來，正如這本書上所說的：「這是一個看似資訊滿天，卻讓人碎碎分裂的時代。」

「混亂」與「迷失」已變成常態，「意識」和「潛意識」的衝突不斷上演。

人類世界是這個狀態，而大自然呢？今年夏天，北極創下前所未有的高溫，地球生態被破壞殆盡。

處於這樣一個世代的我們，若想在人世與自然界的變動裡活得更好，得要找到穩定的內在力量才行。

但，這可是一個巨大的挑戰。

在我的醫療助人系統中，我知道能夠帶來「深層而穩定的內在力量」的方法，就是連結宇宙高我的智慧，而馬雅印記的方法，無疑的，剛好在這個世代提供一個方便法門。

馬雅曆法的每個圖騰都代表著不同的能量，也就是不同的振動頻率。能協助我們了解此生來到這裡之前，早已設定好的要來「學習」與「體驗」的模組。

正如從「皮紋解讀」，可以「解碼」大腦相對應的設定模式，提供不同領域的研究者，透過「了解」個案的行為模式，產生「理解」，自然流動慈悲同理。而個案也將因為被「理解」而走出迷惑與困境。

還記得辛曉琪那首風靡一時的名曲嗎？「多麼痛的領悟！」歌曲裡說的和人生的智慧累積一樣，得藉著一次次痛或不痛的領悟堆疊而成！

正如文中所言「認出自己，能讓孩子在激速變化的世代裡，去得著一些機會，去記起，或重新建構一個安穩的當下」，就是這樣的領悟機會。

潘老師出身教育世家，年輕時期就是才女，有教學的熱情，投身教育界多年，多次獲獎是大家給她的肯定。但她沒有以此自滿，反而是有感於「教育是走向一汪甘泉，是非常個人化的探索之旅」，於是在面對當前變遷快速的世代，一直擅長班級經營模組的她，敞開心懷學習，嘗試引用古老印加帝國所流傳下來的智慧──馬雅解碼系統──協助師生進入生命探索之旅。

她進入的是一個啟動右腦的系統。

我們都知道：右腦和直覺力及潛意識較為相關。

而我們的教育系統通常著重訓練左腦的功能，忽略右腦的重要性。這時候，馬雅的解碼系統正是可以協助活在三度空間的我們，走入四度或更高次元的空間，讓我們因著了解自己對應的圖騰組合，更加肯定自己的存在價值，且透過三個元素的搭配（顏色、音階、圖騰），找出自己和宇宙的對應關係，自然可以轉換看待事物的角度。

讓每個生命找到自己這一趟旅程裡想體驗及學習的，了解自己看待事物的核心價值……這樣的過程就是「解惑」啊！而這正是師者們一直在做的事，不是嗎？

潘老師運用馬雅系統的解碼，正是「解惑」的具體實踐。

她的習氣讓她不藏私，想將所學的喜悅分享出去，讓更多學習者藉由認出自己天生的系統方程式、藉由解碼後的喜悅，找到自己的生命方向，建立自信，這正是躁動時代的一帖清心良方。像一盞燈，給一時落入迷惑的孩子、無明陷入混亂的家長一個安心方向。

我相信這本書只是個開始，它只是順應這個時代需求，引導智慧的開啟。

承蒙潘老師不嫌棄我在醫療專業上的經驗，要我作序，於是優先拜讀之後，決定大力推薦。

最後，我想這樣說說這本書：
這是一本平易近人的「開竅」手冊。

它讓人認出自己內在有多麼美好，多麼豐盛，多麼偉大。
它讓人知道透過「自我認識」，能有機會提升人性品質、突破習性、轉化個性。

鼓勵大家都來！
一起體驗「生命」這個旅程的美好！

◈ 前言：一個認出的機會

接下來的時代，關於孩子，教導他們如何學、學什麼有其必要，但認出當下的他們是什麼卻是關鍵。

那像是：
若他是鳶，就給飛天秘笈；若他是魚，就傳躍龍絕招。
課堂上渙散的孩子到底是正在演昏睡的豬仔仔呢？還是人家其實是等九萬里扶搖風的鯤鵬，一不注意，他啪一下轉瞬蟲洞走人，何止上天，還跡無可循！

每堂國文英文數學當然重要，要考試啊！要分數啊！但教書近 30 年的我看見的是，這些知識真正的目的只是來協助教室裡的學習者（師與生），慢慢來憶起自己是誰（具象角色），或者是什麼（抽象能量），或者還可以是什麼（斜槓人生）。

2000 年後出生的孩子更需要這個認出，他們是「光速小孩」。

當我們認出他的流動，教導也許能有機會得著一個順流，順本自流動。

關於「認出」，有兩個畫面在我腦海裡。

一個是《航海王》裡，魯夫邀請喬巴以船醫的身分加入草帽海賊團的畫面。

喬巴一直受到馴鹿族唾棄，身上背負過去太多枷鎖。他一開始大聲告訴魯夫，自己是不可能加入的，因為他是馴鹿，有角又有蹄，鼻子還是藍色的，然後說著場面話：「我很感謝你們，但我不能成為你們的夥伴，謝謝你們邀請我，我要留在這裡……你們哪天樂意的話，還可以來找我啊！」
喬巴假裝無事，硬擠出了微笑。

魯夫才不理他，高舉雙手，大聲吼他：「少囉嗦，走啦！」

魯夫啊，你是怎麼認出唯唯諾諾的喬巴是同具海賊霸氣的夥伴？
這樣的認出讓自己都不相信自己變身就是巨人的喬巴眼淚噴發。
也讓看漫畫的我淚流不止。

此生，有人能認出自己，或自己能認出自己，那是一個多麼喜極而泣的時刻。

另一個畫面是一部老電影，叫作《幽魂娜娜》，裡頭有一段僧人與幽魂的對話。

這是泰國傳說很久的鬼故事，說村落裡厲鬼傷人不斷，誰都想除之而後快，用最厲害的法器吧！用最毒辣的咒語吧！大家說。
但，沒用，都沒用！

僧人來到鬼魂前，坐定。沒法器，沒咒語。僧人只輕輕說：「起

來，說話。」

說你原是一個甘於平凡的女子；說你不曾做壞，是只想守著家園孩子的人；說你如何在身懷六甲時，丈夫被徵調作戰，你如何受苦，如何難產而死無人相助，如何不能回天，寧化為鬼也要守護孩子，等丈夫歸來……
說！說！說你那一點執念，說吧！我在聽。

那一段讓人動容。
僧人啊！你是怎麼認出眼前這個厲鬼不是鬼，而是一股憤怒、猙獰與不甘願？
這樣的認出讓翻天的憤怒消歇！扭曲的猙獰平息！滿腔不甘願化成水，哭出聲來……

不只此生，生生世世裡，倘若一時片刻能認出或被認出，未必要泣，但喜極啊！

將要 52 歲的我有三次認出的經驗。

第一次醒來在 2007 年，認出內在靈魂特質。
　一直期待「四十而不惑」的我依然大惑，但一次意外聽到內在聲音（見 74 頁）的機會，接觸一本叫作《越讀者》的書，啟動閱讀能量，然後自發性開始兩百多場「為班級多孵一個夢」的演講。

第二次醒來在 2012 年，認出另一個名字。 那年我 45 歲，外在生活的忙亂與困境常讓我懷疑我來地球是要幹嘛的？討皮痛嗎？我接觸了一本馬雅手帳（見 81 頁），認識了由古馬雅曆法而來的星

子印記，按著自己的印記尋回能量。這個簡易的馬雅印記在我很多低落的時刻，送來一雙老鷹的眼，在不同的高度解析困境，在水窮時，校準頻率，不疑有路，昏然坐看雲時，敢練習心安。

第三次醒來在 2016 年，認出一個沒使用過的能力，那年我 50 歲，意外進入一個馬雅太陽曆法的課程。這次的認出讓我知道我的喉嚨是敞開的，忍不住想分享這些年私下在馬雅裡的開心，就像 2007 年分享班級經營模組一樣，只是覺得這麼好玩，你要一起試試看嗎？

2017 年 3 月我在臉書發出訊息，想陪老師和學生尋回星子印記，想陪和我一樣曾經或正在經歷家人困境，又工作繁重的師生嘗試轉入一個不一樣的生命頻率，校準生活，體驗「共時」豐盛生活，感恩越來越容易，好玩指數其實無限……我這麼想，就這麼做了，這也是我們在這裡遇見這本書的起因。

這麼沒有學理根據，但憑一心歡喜念的出書，得要感謝大塊文化郝明義先生的應允，他第一次聽我說馬雅時，微微笑，說聽不懂，但就出這本吧！要我跟雅涵（這本書的編輯）說說看！後來我才知道雅涵在馬雅印記裡和我根本是互為支持的力量，哈哈！難怪，第一次見面，沒接觸過馬雅的她說：我聽得懂。

謝謝啊！謝謝所有聽得懂的機緣，那就是認出，能創造歡喜。

這本書分成三個部分。

Part 1 是我以第一線老師的經驗說看到的教育現場，也許侷限，

也許井蛙，若有不同，也就是個人觀察，無關呼籲或改革，就是多元視野，校準比對！

Part 2 會說說進入這個星子路徑前後的故事，當然還會說一些如何用印記陪伴家人的故事，如果你也有讓你掛心的親友，希望對你有所幫助。

Part 3 陪伴教室裡的孩子尋回星子印記的故事可好玩了，那些發生在班級經營和寫作的奇妙故事很多，我選了 20 個，其實還有 240 個。以後會更多，因為看這本書的你會來說給我們聽，哈哈！

附錄部分會放入簡易版的「尋回星子印記」方法讓你參考，但真誠的祝福是，希望你找到屬於你的馬雅曆法引導師，因為在我的學習裡，閱讀文字和老師引動還是不一樣，前者一片瀏覽，後者一點到位。

此生幸福。

這是一個誰都能用各種方式去認出自己的時代，無論是寫作或繪畫、音樂或園藝……就是易經、星座、血型、生命靈數……都可以是一個尋回自己的路徑。而這本連結馬雅星子印記的班級實作紀錄，就是我 2007 到 2017 這十年的微光小徑，不大，但時時實實可走，分享給可愛的你吧！

祝福需要和 2000 年後孩子接觸的老師或父母，都有一個像馬雅星子印記這樣（類似手機 app）的工具，輕鬆透過解讀，支持我們和孩子的連結。

深深祝福你和我。

In lak'ech!（你是我，我是另一個你！）

順此，感謝這本書的出版者郝明義先生，2007 年接觸的《越讀者》一書的作者正是他，他是一個很可愛又很可敬的老師，在很多時刻。

也讓感謝繼續流動吧！
流向爸媽，謝謝他們允許我來當他們此生的女兒。
流向我先生宏哥，謝謝他隨便我怎麼長，他都不驚恐。
流向寶貝女兒欣穎和娟娟，謝謝她們和我一起互相提醒。
流向家人、好友、學生和老師們，謝謝你們，我很愛你們。
流向生生世世以來，以種種相狀現身，引領我們的師長！
謝謝老師！

PART **1**

▼▲▼△▽▲▼△▽▲▼△▽▲▼△▽▲▼△▽

往外！
動盪的教育現場

教育現場有太多太多的標準，
可是生命沒有標準啊！
大人的世界有太多太多虛假，
可是光速小孩只看真實啊！
標準和虛假建立好壞對錯是非對立的二元世界，
困住大人，也困住小孩

▼▲▼△▽▲▼△▽▲▼△▽▲▼△▽▲▼△▽

◈ 停不下來的改革火車

我是個教學經歷接近 30 年的老師。藉著這本書，我想談談這些年在教育現場所見，還有教育中最關鍵的一件事：認出。

在此之前，我要先說說寫這本書時的背景，再聊聊寫這本書的心念。

2018，是 108 學年度 12 年國教課綱推動的前一年，爭議多時的課綱堅定要行了。
2018，是翻轉思維風風火火在教育第一線引動老師熱血的時代。

教育看起來像一列轟隆隆的航空母艦級火車，鳴笛巨大震耳，大旗飛揚，召喚孩子：上車！移動！駛向未來，未來何等繁華⋯⋯
文宣資料說著，老師跟著布達：
你不要問未來在哪。跟上來再說！

可惜，雲端太發達。AI 世代的孩子向 Google 大神搜尋就跟呼吸一樣，他們才不聽布達，也懶得問你！2000 年後出生的孩子憑藉網路飛天，時空不再成為限制，古今中外十面八方唾手可得的資訊，協助他們輕易進入四次元（三次元空間加上時間軸）高度。這一看！哈！大人在搞啥蚊子都看見了！

孩子的眼能輕易越過文宣，越過老師，越過講台上國父遺像……孩子寫著：讀書厲害到像大學校長那樣也沒啥路用嘛！沒啥自主權啊！鬥爭勢力伸入校園跟漫畫裡黑暗勢力一樣，明目張膽耶！校園霸凌是小咖吧！？

孩子吐槽教育像火車的比喻，他們說：第一節車廂根本沒人好不好！掌舵的教育龍頭一直換是怎樣？（偶爾還沒人在那裡喔！）每次這些大頭被換掉的理由都雲淡風輕，大家心知肚明根本不是那回事。剛被換上來的，連方向盤都摸不到！網路已經扒出一堆不堪，攻擊與辯駁戲碼輪番上場……火車頭裡到底誰在辦教育啊？火車到底往哪開？

孩子讀著書裡的忠孝仁愛，看著沒有忠孝仁愛的大人世界，有感覺的還會說恐懼，不想要有任何感覺的就演冷漠，不管恐懼與冷漠，都是求活一條路。這是這幾年輔導孩子得出的體會，你得允許恐懼與冷漠，然後才會看見孩子是活的，不然你會以為孩子都死在網路裡。

恐懼，冷漠。這樣的狀況也出現在老師身上，現場疲憊，卻難啟齒，因為怕被認為跟不上這一波潮流；因為研習裡的講師們如此懇切，說是跟不上這一波，就等著被淘汰。我們恐懼。

恐懼，在我們看見 PISA 國際學生評量的閱讀素養排名直直落時升起，像在說再不提升孩子閱讀能力就完了一樣。我們努力要讓「越界閱讀」這個理念結合超大量考題，試圖使用落落長考題去（強迫）引發孩子跨界閱讀意願——不但讀山讀海，還要量子環保法律親子時尚……讀到孩子胃口都死絕，都還搞不清楚：閱讀

不是量的堆疊，而是渴望的引動。除了真正的閱讀障礙需要專業治療，只要看過抱著一大本電玩攻略（還是原文版！）照啃不誤的孩子，誰會懷疑孩子沒有閱讀能力？

從來不是不會讀，是不要讀。

那為何還要用考題引動閱讀？

恐懼！

恐懼瀰漫在教育現場。「如果不怎樣，你就會怎樣」的說法四處嚇人。

我懷疑：當這樣的信念瀰漫在我們這些老師的教導裡時，最好是能有那種奇蹟，能養出帶種的創意人才！這就像是嚇完自己再嚇孩子，然後說：「孩子免驚，去闖！」這是怎樣不合邏輯的邏輯啊？

除了承受恐懼，老師還被期待教課透明化。我們玩著全民一起來：

一起 PLC。說是希望老師增能，歡迎組各式 Professional Learning Community（專業學習社群）提升——後來發現就是為 108 課綱的特色課程做預備。PLC 不是不好，共備能提供支持與分享，但若不是有意識的運作，PLC 只是一個又一個研習。

一起 ORID。說是要在學校推行企業開會模組的「Objective, Reflective, Interpretive, Decisional」焦點討論法——問題是我們忘了企業有業績動力，他們有吊在驢子眼前的胡蘿蔔，或是屁股後

的帶刺鞭子，但請問教育現場的業績又是啥？

一起 SOP。說是要有共同的 Standard Operating Procedure（標準作業流程）。模組很棒，我也很愛，像麥當勞一樣成功複製一家又一家，超賺！——問題是，SOP 在工廠在人力管理很好用，可是人不是罐頭啊！當我們遇見一部可歌可泣的《老師，你會不會回來？》，就想創造出更多可歌可泣的故事，那是很嚇人的。就像是一開始偏鄉志工很好，但一窩蜂就很詭譎，聽過村長們拜託志工們不要來得那麼頻繁的傳說嗎？

一起教學觀摩。說是觀課能提升教學素質，於是每堂課最好都來做櫥窗展示，線上直播更好。眾目睽睽下，我們忘了以心印心，忘了拈花微笑，忘了以身教時不需言，忘了各種教育方法的可能性。

眾聲喧嘩，專業安靜。
但教育不是嘉年華，與其繁華蒼涼，不如簡單深情。

問題在於簡單深情很難得青睞：沒有推廣模組，數據不夠大，不承認你有效喔！可是老師都知道，真的陪入孩子心底的是一抹微笑、一杯清茶、一句對話，這些該如何評鑑？說白一點，真的進入師者脈絡的老師也不要你評鑑，愛孩子陪孩子叫天賦，使出來時是自然。

不翻不轉的老師不見得是釘子戶不想改變，不翻不轉的老師有可能是知道自己能給的、可以給的是什麼，於是定定的帶孩子學習。

這些老師也知慌與懼，但誠實說慌與懼，於是能不慌不懼。

而不慌不懼，來自於知道自己是誰，在何處，以及能做什麼。

如果我們的心一直在慌亂與恐懼裡運轉，一直在教學方法與專案活動裡頭忙亂，那麼我們越努力只是越快速的製造出更多的忙亂，更多的慌亂與恐懼。

所以 2018 年的教育現場我看到了什麼？
我看見「善意改革＋大筆經費＋熱烈人力＝依然壓力大的孩子＋感覺更受虐的家長＋比以往更疲於奔命的老師」。

噓～不能說，因為火車已經開動，一定要往前開。那麼，此生此時選擇當老師的我還有什麼能做的？

◈ 亟需精準的光速時代

我也曾是在教育列車上搖旗吶喊，張羅學生上車，招呼茶水湯食的老師。40 歲前我拿過一些教育現場聽來還不錯的獎項，比如「Power 教師」。40 歲後，2007 年一次聽見內在聲音的機會，讓我開啓了對老師們演講兩百多場班級經營講座的旅程。這些演講不是被指派去的，這一次次聚會是第一線老師的邀約，因著演講，我去到很多地方，我很早就深信教育還是有希望的，只是希望從不因為任何政黨或政策，希望是源自第一線老師。

師者，從古老的年代開始，就被寄予了無限期許。

那些還流著師者血脈的老師，跟亙古以來的師者一樣，依然在自己的位置上，試著不計較的，幾乎是私塾的方式，任教改不知道改哪一國的，即便不頒他獎項、不給加給，依然手把手帶你孩子的老師，滿山遍野，有人力大，有人力小，但就是繁星，各自點點。

只是老師很忙。

我每次有機會都跟推廣蝦米專案的人說，你要不要自己到現場帶一學期看看？看看那個忙？尤其偏鄉老師，他不是不想好好記錄自己故事，他是光一個一個從不知名的生命之河（有時還是湍流

喔！要跟死神賽跑，要跟家庭搏鬥那種），撈起流到眼前的孩子，一把抱上岸，就忙翻了啦！這十年，不知道到底是生活習慣改變、生態環境改變、地球磁場翻轉、飲食空氣汙染……還是哪個環節出了狀況，有學習或情緒障礙的特殊生變多了，老師的班級經營困難也越來越多樣化──這樣狀況下，還要做評鑑？做檔案？做 PTT 介紹自己？我也知道評鑑是要抓出不適任，但是讓我們自己評鑑自己，再讓同事互相評鑑，這是在解決不適任問題？還是要累死乖乖認眞做評鑑的適任老師？

我跟研習裡的講師建議，可不可以請上級來教室現場眞眞正正坐上一年，再談教育方針呢？是說，後來我們都不知道到底誰是上級，上級好像布袋戲裡的藏鏡人，只聞其聲不見其人。

學生也很忙。

比如，目前的體制設計讓特殊的孩子經由特別管道來到一般學校，無分別的學習，再用 IEP（Individualized Educational Program，個別化教育計畫）輔導──IEP 眞的很棒，念頭也很陽光，但眞實的狀況是配套措施沒跟上。

每個孩子各自有各自的困境，但台灣校園的學生數那麼多，我們只能學初與期末聚集家長和老師，開一場場大型的 IEP 討論會；除非有老師自告奮勇去組織各單位、各科教師，爲了一個孩子將所有人組織起來做專案，否則很少能針對單一個案扎實輔導。特殊孩子跟不上進度，價值觀裡又不捨放棄聽起來名聲較好的學校，去到比較適合自己學習狀態的學校時，就會開始「泡」學校，泡到畢業。

請理解我這樣說，並無對任何人的指責或嘲弄。

我是心疼。

你看著一個孩子三年在一個無法精準照顧需求的校園裡遊蕩，再漫無目的地晃到下一個體制為他安排「好」的去處，只因我們善意的認為，讓特殊孩子看起來和一般生一樣，就是幫助。

然而，看起來一樣，和真的一樣，是不一樣的。

這就像是台灣看起來滿地大學生一樣，我們都知道不是叫作大學生的，就真的有在學。

表面上的數據都很好看，所有孩子都「克服障礙」了，都走了「正常的人生途徑」。可是所謂的正常，用的到底是怎樣的標準呢？是不是我們把每個人之間的小小差異都遮掩起來，裝作沒看到，就能打造出大家都「一樣」的表象？

所以，到底花了大錢與氣力，衝出這麼美的數據要做啥呢？

再比如說，設計讓一般生在學測作文 80 分鐘考兩題，每篇 500 字起跳。一題偏知性，一題要感性，前面引導文字又落落長，看完題目，臨場跟著寫看看，包你寫到手腳發冷，神經交纏錯亂，像是吃完冰的喝熱的，吟完閨怨耍軍刀一樣。

但無須擔心啊！
因為各種教導孩子如何對治這種作文考試的方法如雨後春筍上

場。然後聰明些的學生看懂眉角了，說對付這種考試的方法：「簡單啦！就是不要帶感情。」「把平常練習寫的『橋段』背得滾瓜爛熟，重點在結構，把『橋段』均勻分布各段，記得擷取訊息要精準，分析解讀要清楚，最後的反思感受其實還好，別太離譜就好。」

很好喔！是說……到最後，我們是那麼認真培養出很會不帶感情的孩子——這是哪一招啊？就算滿級分，常常練習不帶感情，這又是哪一種學習方法啊？

2016 年 11 月，《天下雜誌》一篇文章的標題是：「國際調查：台灣學生很會寫題目　學習信心和興趣卻倒數」，這是怎麼一回事？其實到各個「靠北」開頭的社群走一走，就會知道大部分學生都有答案，孩子對設計半天的升學系統和讀書策略的看法，統整起來就是：「啊說半天，最後還不是要考試。」體制內的教育改革變化那麼多，最後還不是進度和考試，當然會學習信心和興趣都低落。

我是個很阿嬤的老師，我承認跟衝刺著配合教改步驟比起來，我寧可看著孩子眼睛做事，來一個是一個，一個班級實教一個是一個，我不急，該調整如何拿掃把的，我們就來學習如何拿掃把，該調整說話態度的，我們就來練習如何表達狂喜與憤怒，喜悅與平靜……有時整班一起調，有時個別慢慢整。

2007 到 2012 這五年，我拿自己土法慢慢煉出來的一套套模組，去跟老師分享「班會能把班級打造成夢想國」、「幹部就是千里馬」，我教老師如何在期初期末運作班級。我還以模組為基礎，

出版相關書籍。

但到了 2012 年，我察覺連這些模組都要越少越好。 2000 年前後出生的孩子，學習狀態變了，當下直入，又時時變動的頻率來了，沒辦法拿模組、拿公式去推廣……這群孩子，我習慣稱他們為「光速小孩」。你如果要知道他當下在哪裡，最好先知道你自己在哪裡，因為他們會看穿你。

光速小孩認真不認假，能引動他們學習動機的東西只有「真實」。

以往我們認為精彩的演講與知識的教導，將不再吸引他們──YouTuber 的崛起是一個指標。當雲端越來越打開，激勵和責備對他們來說都叫作訊息，無法觸動他們內在，因為他們是認真不認假的生命體系（好吧！你也可以說是他們看多了）。

而這個真實來自個人生命體驗後創造的能量場，說白話就是，你有 A，你才有機會傳遞 A，你若沒有 A，卻硬要傳遞 A，孩子會一眼看穿，更別說跟著學習。嘴上一套手裡一套的時代結束了，不合一的東西讓心分裂，光速孩子拒絕分裂，他們要現出更真實的自己，而且沒在怕的。只有當越來越多大人言行如實，光速孩子才會自動從虛擬世界出來，開始與天地人連結。

光速小孩聽起來速度很快，其實只「快」在生活。

但他們生命頻率其實不講快，而是精準。太多孩子跟我說他們很喜歡精準的看自己，然後會生出一種非常敏銳的頻率。我問他們如何進入這個頻率，他們的答案幾乎都是「讓自己靜下來」，他

們說這樣會重新回到最原始模樣。然後會有動力。也就是說，平常看來到處趕來趕去的孩子，只要得到機會精準看自己（層層探入冰山下自己的念頭），而不是散漫的吸取外在訊息（比如昏看一整天的手機），那個驚天動地的頓悟力量會來幫助日常單調學習時的堅持。

這樣聽起來，這份平靜與喜悅還能連結創造力？
而且，原來這樣的創造力「不是從外來，而是從內升起」？
獲取的方法是「不往外看，要往內觀」？

這就好玩了！
如果我們真的那麼在乎培養擁有超強創造力的未來人才，好像得想想：在各出奇招的喧嘩教育現場，一整天在學校裡的孩子得到這份「靜下來」、「精準」、「敏銳」頻率的機會有多少？

2012 年，分享班級經營時，我感受到現場老師的疲憊；回到教室時，我看見學生的忙與茫。我開始好奇，為何教學設備越來越先進，計畫一個比一個響亮，但自動自發的孩子卻減少，日常生活能力減弱？這是在教哪一國的啊？

會否，我們一直在冰山上用力，卻忘了冰山下有一個看不到但一直存在的系統在做功？那就像是忙著處理枯葉，卻忘記從根處施肥或放藥一樣。

會否，我們甚至從沒覺察到自己是站在冰山上？
會否，我們沒看出自己困在一齣齣樣板戲碼中？

◊ 前面的改革據說錯了

先說：雖然我好像在說教育困境，但我從不覺得教育被困住了。

它就是一個狀態。這個狀態是我們選擇演一場戲。
既然是戲，當然有上場就有收場。
能收場的，當然就沒有困境這回事。
不演了，就下場了！

我們選擇的戲碼叫作「救贖」──從 1990 年由上而下的教改開始，
到 2013 年由下而上的「翻轉教室」，大人們是一群搶救大軍：現
場狼煙密布、烽火滿山，旁白說道：孩子正苦，英雄請出場。

在這個劇本中，我看見二場戲碼不斷輪流搬演。第一場戲是媒體
最常報導、大眾都很有感的，叫「前面都錯了」。

教改之路總是叫現場老師無所適從。

每隔一段時間，就有人出來檢討過去，叫當初決定這個方案的人
「踹共」（台語：出來講），負責，下台，滾蛋……！然後聽當
初決定這個方案的人說，他也好無奈啊！說當時是因爲誰杯葛了
誰，還有還有啊！那個黨擋了這個黨……

反正就是：前面的都錯了，我們要來弄新的。

真的，滿荒謬的。

可能大家比較聰明，早就看穿檯面上的話術。像我，一開始就是照著改革的方向去實踐、推廣。我對政治、對數據或蝦米陰謀論沒太多敏感度，心裡沒太多質疑，就是滿心歡喜來當老師。我從愛我的學生開始每天生活，大部分時間我只看著孩子眼睛說話。

我都還能記得有一次，要推廣「誠實運動」，我興高采烈設計好多好玩的活動——結果孩子來問我：老師！新聞裡某某校長和某某老師明明偷情，但又堅決不承認，是怎麼回事？某某官員連一個飯包五元回扣都要吃，又是怎麼回事？大人怎麼那麼不誠實啊？老師，做人不是應該誠實嗎？

老師好難回答啊！

對不起，老師只知道上面在宣導，不知道上面有沒有人相信宣導。

2007 年前我是相信「明天會更好」口號的老師。

但當我檢視從 1994 年開始的一連串教改，我察覺：明天會不會更好不是重點，看見自己一點一點養出能力，讓世界有機會得一份美好，才是關鍵。這樣認出自己能力的過程，會讓生命踏實，生活篤定。

所以我改說：「我祝福任何一場教改，但我不見得要跟著教改。」一場改革要利益到誰，自有定數，難管；不過它的進度忽快忽慢，方向忽左忽右，我可等不得也跟不得。每年不知從哪個生命之河流到跟前的孩子一個又一個，我得守護眼前孩子先。

我會這樣說是有原因的。

記得「師資培育法」的宣導嗎，說是要讓多元師資進入教育現場，於是我們也跟學生說：「太棒了！成爲老師的管道變廣了，快去吧！」
一直到 2015 年統計出來，八萬多名流浪教師無處去時，我們才恍然大悟：少子化的今日，根本沒處容下他們；而當年推行這種政策是因爲「市場化競爭」理論正夯──讓樣本數變多吧！物競天擇自留強者，刺激吧？
但，可曾想過，殺紅眼的強者，教給下一代的會是什麼？

接下來，還記得鼓勵廣設大學與私人興學嗎？好棒啊！快跟孩子說：「快！你們都會有大學學歷！」
誰知道不久以後，才發現原來這後面還有選票因素，選舉快到了，就讓更多區域都有大學吧！區域就是選票，不要考慮將來學歷會變得多麼廉價，不要管技職學校招不招得到學生，走走走我們去念大學吧！

然後是推建構式數學，家長嚇得把程度直直落的孩子送去補習班學傳統數學。
然後一綱多本口號來了，老師從一本課本的年代進入三四本才感覺安心的時代。課程銜接說是多元，其實混亂，因爲考試還是要考，怕漏掉任何一綱一本的師生，就再編一本補充教材，把所有沒念到的都編入。孩子來吧！老師陪你！結果參考書價格飆漲，因爲要補充的五花八門，怎樣補都有得補。

然後精彩的來了，高中聯考改學制。結果私校招生開始年年高

升，因為一下基測一下會考，還有特招，名目之多，眼花撩亂，不少家長害怕自己疏忽了升學遊戲的規則，索性將孩子送到在這方面有長期策略研究的私校。

升學比序時還各有破解密碼，我就看過帶孩子包車跨區考體適能的媽媽們，還有半夜幫孩子在醫院門口排志工名額的爸爸們……為什麼？因為這些是要算入比序成績的啊！雖然還是以會考成績為主，但是誰知道比到最後，會否比到這個項目？快！趕快！預防勝於補救！上有政策，下有對策，這個我們超會的啦！——你要什麼？喔！好！統統'給你！

看到這裡，如果還在思考如何用考題來引導孩子愛學習、愛人、愛世界的……可以醒醒了嗎？

還有五年五百億的論文評鑑，還有 12 年國教上場，還有還有……這些曾經響亮到讓心澎湃的教育改革口號，每隔幾年，就會有人來跟你說：錯了，都是某些人搞砸了。

知否？知否？
說誰錯了，只要一句話就說完。但第一線老師看著一大群孩子，一句錯了如何說全那個擔心？如果你曾在陽光燦燦的操場看孩子奔跑的身影，你會知道教育從來不只是改革，你會知道「改革錯了」無法說得像「實驗失敗，不好意思喔！下次再來」。
那是孩子啊！

我自己在 2007 年離開這場隨時被說「錯了」的改革。我還是祝福教改改它的。我開始往內探索自我，不想再去批評誰做錯，讚美

誰做對，我想去看自己想做哪些事情，讓自己覺得歡喜——這樣的思維居然讓自我的力量一直長上來，往內認識自我有多深，就能和學生連結有多廣，動靜都是教案。

目前帶領翻轉的葉丙成老師，學思達的張輝誠老師，以及擅長查探冰山底層的薩提爾學派李崇建老師，我常看著他們像看著一間一間的精品級獨立書店，不同風格，又各具精彩，說實話，我一點都不渴望看見他們變成連鎖店！我比較期待的是更多精彩店家，分開是獨立顏色，合起來是彩色世界。

而我最愛看的，不是他們多會教，多麼容易讓人一秒翻轉；我最愛看的是在成為他們現在的模樣之前，他們如何養成自己的思維系統，他們如何和自己內在深深連結。那份連結有多深，才是能連結孩子多深的路徑——不然你去看看那些翻轉到學生家長要翻桌的現場。

還有寫《老師，你會不會回來？》的王政忠老師，他蹲下來陪伴孩子的身影我最愛。那不是語言系統，也不是教案技巧，那是一股能量，這股力量不找對錯，這股力量走的是允許，進入允許，即便靜默，都有洪荒大力。

選擇離開教育現場的對錯系統吧！這場戲演夠久了，可以開始從「我喜歡」來引動孩子了，我覺得。

◈ 請問誰是真正受害人？

開會的時候，或是看著各方評論時，我常會有種茫然：到底誰在害教育？

我們像個受害者一樣的在教育現場，只是找不到加害者，然後一直期待英雄。

教育現場第二場戲：我才是受害者。

行政人員說自己是受害者，說沒多領錢，卻背負天大責任。
老師說自己是受害者，說被要求，還得不到尊重。
學生說自己是受害者，說他們當白老鼠，被實驗。

我們好像都是被拱上去一個位置的——好努力、很奮鬥，但都很哀怨。

很多教育會議裡疲憊趕場的長官很難篤定告訴我們為何要推廣這個專案，或者答得出，卻語帶保留且促狹或無奈的說：「我只負責我這個部門，我其實也不太理解另一個部分為何要這樣運作。」你忍不住懷疑海報上看來五顏六色的「特色多元」與「跨界與移動」與……這些聽來超厲害的名詞，會否是空殼，只是一

些方便讓經費與專案流入的空格子？

有一次在一個研習中，被派來說明的講師內容說得很精彩，但我一直感受不到他喜歡這個專案；我鼓起宇宙大的勇氣舉手發問：「不好意思，老師，你相信你說的嗎？」「你真的喜歡你所推動的專案在台灣各個地方的孩子身上實施嗎？」

我記得那個尷尬，台上台下都尷尬，我也尷尬。
我不是要造成那個尷尬啊！但我有孩子啊！我生的、你生的、我們生的孩子……都可能因為這些在台上推展這個、那個專案的我、你和他而改變了我們孩子的人生。

所以……怎能不問問？

老師啊！你相信你說的嗎？
老師啊！你渴望你推行的專案實施在你的孩子、你的孫子身上嗎？

朋友大笑，說我幹嘛問這種瓊瑤句法啦？ 談什麼喜不喜歡啦！現實是誰想去宣導那些專案啊！就是工作咩！排班任務咩！只好去咩！啊不然呢？跟著做啊！啊不然呢？
這樣的說法，像個受害者。

受害者心態是這個教育環節裡頭引發最大怨氣的來源吧！
問題是，大家都說是受害者，那誰是加害者呢？

戲劇裡有一個原型三兄弟，就是一齣戲要精彩，一定要有「受害者＋加害者＋英雄（救美或屠龍）」才完整。如果有人要扮演加

害者，但沒人要演受害者，那英雄就無法出動，人生看起來實在不精彩。

但是教書越久，我越不期待英雄。

跟愛情一樣，高潮迭起的精彩，天翻地覆感天動地很震撼，但家常對話平時作息的自在讓人越來越渴望。其實，我們並沒有非要一個英雄不可，我們或許不需要英雄——甚至可以說，沒有英雄最好。

讓英雄消失的方法很簡單啊！那就是放下怨念、放棄扮演受害者這個角色吧！受害者的角色讓力量消耗殆盡。

停止怨念的最好方法就是回到自己位置，做自己真心渴望的事情。

我們都開始在自己位置上做自己剛剛好想做的事吧！
我們都開始一次一次練習選擇自己真心渴望的事吧！
「沒有人逼我，是我自己選擇的。」

然後我們也跟孩子訴說自己的選擇與創造、失敗與無奈。這麼做，孩子會多些意願從虛擬世界走出來與真實的大人連結啊！

除了專業教學之外，如果你是熱愛花草的老師，請你帶著孩子接近花草，告訴他們植物裡的訊息；如果你是熱愛電影的老師，就帶著他們進入電影，告訴他們電影的訊息；如果你旅行……如果你閱讀……如果你編織……如果你跳舞運動做環保做社運……都好，去讓他看見你的熱愛，而不是像個被逼上梁山的落難英雄。

當然會有孩子不愛你的花草、電影、旅行、閱讀……但請不要害怕告訴他你真的好愛這些──讓孩子有一個機會感受大人世界的熱度，讓他知道虛擬世界之外，還有大人是活跳跳的呼吸著。

我遇過一個孩子本來是不願意再當幹部的，因為國中幹部經驗讓他學到「能者多勞，多勞者死」這樣的生命經驗，但是在遇到一些有熱度的老師之後，他改變了。

我邀請他跟一群國中國小老師分享，他在最後看著滿場的老師，說：「加油！老師加油！我們學生其實都還在台下看著，我們想知道老師你們是不是還在。」說著這句話的他讓台下老師紅了眼眶。他說：「讓我們確認你們還在，我們就有力量繼續這樣（活著）。」

老師加油！
說出我們生命真實的熱愛與渴望。
也讓孩子練習尊重熱愛與渴望，就像我們尊重孩子一樣。

2000 年後的光速孩子是陰性與陽性平衡的生命體，意思是他們對於正負、是非、好壞、對錯……二元兩極都很熟悉，於是他們很容易一眼看穿這些看來非常真實的戲碼裡，包裹著什麼樣不真實的念頭。

當我們一直扮演受害者角色時，身上就會充滿無力與怨念。我們以為只是私下說說想想，無礙我們在課堂激勵與感念──但其實啊，台上台下的區隔是沒用的，孩子越來越容易看出事情不是這樣喔！

我遇過一個小一孩子跟他的媽媽說，老師生氣的時候，講台上面有股好大黑氣，但沒有流向講台下面，而是一直在老師身上。這小小孩說的是一個非常認真、受家長信任的老師。

怎麼會有黑氣，黑氣是什麼？

一次，我在和自己高中學生的對話裡，知道這股黑氣是什麼。

這學生每次經過校園裡老師們張貼的大幅激勵標語，都選擇繞道而走，你以為他是負能量，才會無法靠近正能量，他跟我說的卻是：「老師，我知道你們很用心，標語也很好，我們也都想振作，但是一個不振作的人需要的不是激勵啦！是理解好嗎！還有……重點是，很多激勵的標語根本好沒力，一眼就感覺得出那不是真的，寫的人自己都不相信。」

有人說這樣的孩子不感恩。
但我更願意相信，孩子，越小的孩子有著很明晰的辨識系統，他不知道故事內容是什麼，但他就是知道真假。

我聽過一個孩子說他只要一聽到某些大人好心勸慰的聲音，「會很緊張，」他說：「那個聲音很緊繃，表面聽來是要我放輕鬆，不要掛心，但其實是要我上緊發條，是責怪的念頭。」

我們可以說這種孩子胡思亂想，根本不要理他。
但如果我告訴你這樣的孩子越來越多呢？
與其說他們精明，我看見的是他們渴望真實。

以前人說囝仔頭頂天靈蓋軟軟，能感知一切，現在到了高中大學，居然還有這樣能感知四周的孩子，他們體內好像安裝著真偽辨識系統。2000 年後坐在教室裡的孩子和以前的孩子不一樣，當網路世界越來越巨大，當 AI 漸漸取代人際，我們以為虛擬世界就要掌管下個世代時，下個世代開始渴望真實世界。話語裡的不實，心念裡的不實，會越來越難通過孩子的眼睛。

不演受害者，我們認出真實的自己來，開始練習。

◇ 老師演出聖人與剩人

第三場，這場戲是教育現場最艱困的一場，因為老師們要演出「馬兒跑馬兒跑，但是馬兒別吃草」。社會大眾期許老師像「聖人」，無私付出；又不知為何對待老師像「剩人」，抱怨他們吃垮資源。

我們期許老師像「聖人」：
課堂上要幽默風趣，旁徵博引，春風化雨；
下課後（沒時間上廁所嘿！）快去處理請假的、打架的、蹺課的、霸凌的，或許還有自傷的；
批改作業時請老師挖心掏肺，卻不問孩子交不交作業；
放學後到晚上閉眼前，接家長電話，立馬張老師附身，心靈輔導外加策略指導……

結果對待老師像「剩人」：
帶不出「績效」時，哈！一翻兩瞪眼，說這要在企業界啊，評鑑不良的是要被替換的！（何時教育變成企業了？）家長說換掉吧！下一個會更好。

上行下效的結果是，學生把「會吵的孩子有糖吃」學得更淋漓盡致！吵吧！吵吧！換吧！換吧！像拿著轉台器、點著購物網頁一樣

的人生……我們評鑑，我們選擇，我們要找最好的！剩人退散！

更別說在國家檢討財政時，再度翻眼，說老師涼涼領錢爽。
我的朋友在國中教書，憤憤說起班上孩子在她用討論法教學時，來跟她說：「老師你好好賺，坐在那裡領 400 元。」在國小教書的朋友勸她別氣，因為小二孩子也用過可愛的聲音跟她說：「老師你好好喔！我媽媽說你只要帶我們唱歌就有 260 元耶！」

更更別提那些說退休老老師 18% 退休金吃掉國家財的事。
我初聽這說法真的嚇傻！這感覺不只是「剩人」，已是米蟲。那段日子，沒人提老師為孩子做了什麼，只問老師到底吃掉國家多少未來，很多老師坐計程車是不敢承認自己工作的──這下子應該從米蟲演化到過街老鼠了。

但有誰知道很多老師是支持年金改革的？

人人高喊「經濟不景氣」的年代，第一線面對孩子的老師，不管是幼稚園高中或大學，我們比誰都清楚越來越多孩子家庭裡的難熬！「如果年金能幫到台灣經濟，那就改啊！很好啊！」這是很多不上街頭，被罵笨的老師的心聲（好吧！我也是其中一個）。即便被上街頭奮戰的人勸說：「都這麼老了，拜託看懂政客如何操弄台灣好嗎？」「難道還看不穿有心人要引起族群對立，再如何如何從中獲利嗎？」……

說真的，我們忙著顧你們的孩子，顧台灣的囝仔啊！要我們演柯南辦案破弊端嗎？要我們組復仇者聯盟追討公道正義嗎？好吧，如果「聖人」的任務還包括回應四面八方、有時還相互牴觸的期

待，那不過就犧牲一點看孩子時間、改作業時間、備課時間……

但許許多多老師都不願放下花在孩子身上的分分秒秒。教學現場的眞實狀況是：老師們是可以不吃草或少吃一點草，但繼續一直跑的馬。「剩人」是現實，「聖人」是夢想，老師一人飾兩角，早修到午休，上課到放學，守護一個個孩子的老師依然遍野在。

問題是，企業思維滲入校園經營，馬兒不是不吃草，願意跑就好，還要看你會不會跑，願不願意「一起」跑。評鑑最容易成爲檢驗績效的指標；接下來是 SOP 被傳頌成高效能；爲了推廣成功經驗，模組快來幫忙啊！Step by step，step by step……複製會節省人力，模組能減低失誤，快！再快！更快！不快會來不及！

有時候聽著一堆「來不及」的說法，我都會想起《小王子》裡的對話。

商人說：「每星期吃一顆止渴藥丸，再也不用喝水……一週能節省 53 分鐘。」
「這 53 分鐘用來做什麼呢？」小王子問。
「你想用來做什麼就做什麼啊！」商人說。
「我啊！要是有 53 分鐘，我寧可慢慢地走向一汪甘泉。」小王子這麼回應。

給一顆止渴藥丸是走安全模組：
集體快速定位，不渴容易，卻難懂渴望。
走向一汪甘泉是探索未知領域：
個人生命體驗，如人飲水，踏實知冷暖。

教育是走向一汪甘泉，非常個人化的探索之旅。
人非生產線上產品！即便失誤，卻必深藏禮物！

不出錯的大量複製，果眞帶來高收益，但重複總要扼殺創意，零
誤差還剝奪探索力。更別說那些動人的師生故事，很多本來轉瞬
即逝，只是當下爲眞，再難複製的動人；爲了看出流程、產生模
組、方便評鑑與大量推廣……於是刻意調整——這一調，原來的
能量消散，只剩模組跑流程，看來很像，但實非原樣。這也是爲
何許多活動常常到最後徒留儀式，讓人生煩的原因。

喜歡評鑑的人，熱愛模組的人，眞希望他們有機緣去看看畢業典
禮時，那些紅著眼眶幫孩子別胸花，發畢業證書的老師；去看看
那些在課後，沒領任何加班費，就隨處站著聽孩子說著一件件傷
心事，聽到感動感傷感慨還跟著掉淚的老師……誰來告訴我這些
眼淚如何評鑑？還有！最好你告訴我流淚的過程有何模組！

老師難道不知道這些孩子，即便成功，也少有回報嗎？不知道即
便苦口婆心到口乾舌燥，幡然醒悟的孩子也不見得說一個謝嗎？
老師你還哭？還要說？還想做？頭殼壞了嗎？

可知道那些淚有名字。

他們叫「師者血脈」，別名「不捨」；具體作爲是「才見你是株
幼苗，就不捨你不成參天樹」。引你開枝散葉不放棄，沒在算你
若成蔭，會否來庇蔭。

為了那個不捨，師者自轉：
有自己籌錢帶球隊的老師；
有課後幫孩子輔導的老師；
有畢業很久，還是罣念孩子的老師……這就是教育現場感人的故事不是嗎？

問題是，「不捨」如何評鑑？
未成大江大海未得獎的不捨，算不算不捨？
不得成模成組去推廣的師生情誼算不算卓越？

當我們不信任師者的「不捨」，而意圖從方方面面去考核老師有無認真時，看來百密無一疏，其實卻失去了看不見但又最重要的師者血脈。我們做了很多報表與評鑑與開不完的會議……為了去驗證老師具有「不捨」的特質（好老師），但卻也在繁雜的報表評鑑與會議裡，忘了「不捨」是何滋味。

我聽過以前會自然而然找時間帶孩子外出踏查的史地老師，進入PLC 的社團模組後，光想到每學期要集會社員最少三次，每次聚會要會議記錄，若延請外面老師，還要寫經費申請，然後期末可能還需要大會報告……心就涼一半。而且這個涼還越來越難說出口，因為「不進則退」的評鑑系統說：「浪都要淹沒了，你還不進？小心滅頂吧！」

「很怕跟不上。」
年輕老師跟我說起擔憂，聽起來像是「很怕滅頂」。

別因為他們說擔憂就斷言他們沒承擔。我跟你說，這些老師很多

是很能付出的，只是累，只是誠實說擔憂。

擔憂何妨，它就是一個感受，雲來雲去，水來水去，我欣賞這些看見擔憂，接納擔憂，然後放下擔憂的老師！

不一定要新方法才是方法啊！
往前一步未必是改革，有時是躁動與折騰。
很多舊方法卻是實在法啊！
退後一步不一定保守，有時是接納與擴展。
魔法從來不在咒語，奇蹟都是心語。
師生從來不在教案，萬法都是心演化。

任何一個方法，就只是每次教改裡的主題，教育的關鍵在心。
方法是來讓心的語言練習表達得更精準而已，沒有好壞。
每次練習都在讓我們認出自己適合什麼：是新？或舊？要前？或退？動？或別動？
而新舊進退動靜都不是重點，重點是藉由這些方法，讓我們進入內在覺察之路。

放下「聖人」與「剩人」的戲碼吧！
扮「聖人」讓師者身累！演「剩人」讓師者心更累。

不如回到此生為「人」，此時扮演「師者」的角色吧！來看看在這位置上，還有什麼機會可以認出自己呢？還有何路徑可以看出生命流動呢？還有何生命版圖能像曼陀羅一樣擴展呢？

這是一個看似資訊滿天，卻讓人碎碎分裂的時代。如果曾有本來

只是想看五分鐘重要 mail，卻一時失察，滑鼠滑了一小時看各路八卦的經驗，我們就能理解活在一個「虛實並存」、「何止五色」時空的孩子們，「目盲」和「心昏亂」會是他們多大的挑戰。如果沒有一個支點立在天地之間，越多的資訊越是空茫，站都不穩，遑論撐起宇宙。

對我來說，各種認出自己，解讀自己的方法，就是一個個支點。我試著用星子印記這個支點建構起自己的宇宙，然後跟孩子分享這個認出。

去認出自己吧，然後跟聖人與剩人這個戲碼說：我愛你，謝謝你，對不起，請原諒我，還有……Bye bye！

◈ 光速小孩認真不認假

我喜歡稱「2000 後」的學生是「光速小孩」。這群孩子的頻率很快，有時你以為他們是恍神，活在異次元，其實是我們沒有認出：他們是在搜尋，他們比我們更渴望真實的頻率，因為孩子更需要穩定的內在力量。

早在 2012 年開始，教學現場的頻率就加速了，忙碌是表面相狀，內在真相是靈魂躁動。網路來臨，不費吹灰之力取得的知識，讓孩子的學習速度更快，但萬花筒般繁華的知識並未帶來舒適的生命狀態，而是惶惶不安。

也是巧合，今年（2018 年）高三畢業的學生絕大多數就是 1999 至 2000 年間出生的孩了，而這午國中會考的題目正是「我們這個世代」。看到這個巧合實在很難不讓人聯想：是更快頻率的孩子在集體發聲通知我們嗎？是要藉著會考大題，一起跟這個世界宣說：「嗨！我們來了。你看見了我嗎？」

有學生寫著「從飛鴿傳書到光纖上網，從慈母手中線到快速時尚」，還有人說「以前的時代很慢，一生只夠愛一個人；現在的時代很快，一天可能愛上很多人」……這個世代的孩子很理解自己所處的世代呢！但是這頻率的孩子需要什麼呢？

還沒認出這股頻率的我們，仍以舊頻率思維，認為在知識上更加用勁（天哪！到底要多努力啊！）就能帶來美好未來，卻沒看見知識正由 AI 接手中，光速孩子若不另闢一條 AI 無法企及的版圖，未來如何美好？

那個版圖叫作真實的生命經驗。

不是處理堆積在大腦的五花八門知識，而是透過眼耳鼻舌身意、四肢與靈性，去和外在環境真實接觸的體驗，這些體驗將要帶給孩子智慧，智慧能帶來深層而穩定的力量，又因為它是非常個人化，於是獨一無二，於是難以被取代。這是 AI 無法取走的。

讓我先跳開來說一個 AI 教父李開復先生的故事。

2017 年 6 月 6 日，教父在台大畢業典禮上，跟全台灣頂尖的學生說起 34 年前他在大學遇到的兩個摯愛，一個是妻子，一個是 AI，他說：「我相信台灣的志工精神，可以感染世界，可以讓更多人找到 AI 無法取代的服務業工作。」差不多時間，在哥倫比亞大學裡，他說的是「不要被動地接受人工智能，而應積極擁抱人工智能、探索人工智能的可能、找到人工智能幫你創造價值的所有可行性。」

但，時間來到 2018 年 3 月，教父在《麻省理工科技評論》裡說：「不要再假裝 AI 不會消滅工作了。」「這些改變即將到來，我們也得說出完整的真相。我們得找出 AI 不能做的工作，並訓練民眾做這些工作。我們得重新發明教育。」他還提及特斯拉執行長馬斯克和臉書的祖克柏公開論戰的事情：馬斯克嚴肅警告說 AI 危險，不只能取代人力，還能挑起戰爭，威脅人類存亡。

這群在 AI 路上鼓勵大家往前衝的菁英們，已察覺出教育裡的隱憂，我們能讀出嗎？ 我們又已經看出 2000 年後出生的孩子如何在這個隱憂中找出未來的路徑嗎？

AI 看來已不可逆，但我現在扮演著師者的角色，我得幫我的孩子想想：這一波可能十至十五年就要隱憂顯實，如果我們只是聚焦在教導孩子如何更大量的獲取知識，更快速處理資訊……好喔！現在是怎樣？是意圖要協助孩子都成為一台巨無霸超強大神級 CPU 就對了是嗎？再強大，將來都有可能被 AI 取代！

你看 40 秒改完作文，外加詳細評語的 AI 都現身了！接下來 30 秒完成作文的 AI 還會遠嗎？也快來了吧！師生不必寫也不必改的日子就快了，酷！兩台 AI 對決考試的世代沒有可能嗎？

所以，還要把大量氣力放在培養孩子擅長擷取訊息與分析數據嗎？再厲害，能追上科技業光速製造出來、早已打趴圍棋高手的 AI 嗎？

我以為，學習認識自己生命是目前教育裡比知識更重要、更要加緊腳步的功課。

問問第一線帶孩子的老師，他們會告訴你坐在教室裡的孩子內在有多少像海浪般的情緒：若說霸凌是往外宣洩情緒，自殘就是往內宣洩情緒，這兩大系統正在校園裡湧動。問問現場老師，他們能告訴你最難處理的不再是抽菸打架作弊或蹺課，還有一個隱藏而巨大的問題叫作情緒處理。各縣市裡頭從高處往下跳的第一志願孩子，是多少老師來不及挽救的痛。那些都不是多美好的教案

能幫助的。

光速孩子渴望更眞實的訊息，有關生命的，有關自身的。我看見的是，情緒會是下一個教育現場的議題，生命的議題會勝過知識的學習，當生命有了穩定的力量，自會尋找出路學習創造人生。

我們不再能假裝無事一樣的討論如何提高升學率與學習效率。
我們得把孩子、把自己當人來看待，要學習如何用各種解讀路徑，認出自己的生命可能，如何更直覺的感受自己內在，如何接納自己所有的一切，如何尊重別人的存在，甚至練習如何使用直覺，如何與自己更高的意識連結。

是透過書寫嗎？
要透過舞蹈嗎？
能透過靜心透過呼吸透過對談……嗎？
學校裡要不要引進更專業的諮商系統，更深入的協助現場的老師與孩子？

說到這裡，實在要大力爲學校裡人數極少、但工作量極大的輔導老師鼓掌。辛苦了，眞的，無法想像你們的負擔。

認出自己，能讓孩子在激速變化的世代裡，去得著一些機會，去記起或重新建構一個安穩的內在，讓即使沒錢像同學能藉遊學動來動去、產生國際移動力的孩子，安住當下，一樣能看見每個生命本來就有的巨大自由。

我的學生楊郁慈跟我說：「很多時候我們其實是不需要也無法被

安慰的，我們需要的是一個曾經相似的生命經歷，前來相應我們的波動，瞬間感受人與人之間的距離莫過於此，他／她前來說著他／她的理解，然後我們就被理解，然後我們就有力量繼續走下去。」

對我而言，馬雅星子印記幫了我這個老老師一個大忙，在光速孩子進入學習階段時，我也開始摸索這個解讀孩子的路徑。我可能不熟悉他們的頻率，但因為知道自己頻率，我只需要如實地說著我的看見，喜歡真實生命探索的光速孩子，會比較容易從異次元回魂。

是的，我的看見是：
教室裡不再只有「師」與「生」的頻率——
光速孩子要讓生命與生命的真實連結頻率開始。

◈ 大人說真的還是假的？

我有一次陪伴學生的特別經驗。

這孩子一直不說話，頭低到不能再低。我試了幾個方向，好像也切不入話題，於是也懶得勉強，想想，好像只想畫圖，就說「我畫圖給你看吧！」反正輔導談話的時間還沒結束，閒也是閒著。

那時我已接觸了馬雅曆法，也開始會以 20 個「太陽圖騰」和 13 個「銀河音階」調性搭配，為孩子按照生日找出屬於他們的印記。

不過，因為不知道她的生日，而她看起來也沒打算和我有更深連結，我完全沒替她找印記的念頭，別問我為何要畫圖給她？我也不知道，只純粹是當下能做的也只有這個，好！就做吧！

我從「紅龍」這第一個圖騰開始畫。

我沒怎麼解說圖騰意思，只是自言自語般地順口說：「欸！你知道這是『白風』嗎……你知道這是『猴子』嗎！你覺得它像『猴子』嗎？猴子特別容易看破幻象喔……」結果，剛好就在畫到代表「如實照見」的「白鏡子」時，她開啓話匣了。

她說：「老師，你知道我為什麼不喜歡看著大人眼睛說話嗎？」
她說自己很小就知道大人說謊話！
她說她從小不看大人眼睛！
她說她只看肚子。

「肚子？」我傻了：「肚子怎麼了？是說腹語嗎？」她說她能感受肚子裡的語言。肚子的話和嘴巴的話是不一樣的。
「大人很壞。」她說。

很早就對大人失望的她說，她真的很難看著人的眼睛說話。而這樣的狀況，讓她看起來像是內向害羞，甚至有自我封閉傾向。其實不是這樣。她說：「我只是很討厭看見大人說謊的眼睛。」

我這樣寫，沒有意思要為這孩子的特異功能做見證！我只是想邀請大家回憶一下自己小時候，也許我們就不會太訝異孩子有這樣的說法（或能力）。

如果，如果我們還記得小時候放學回到家，明明家人們才結束一個無比火爆的爭吵，你聞得到嗎！那傷心還在呼吸裡起伏；你看得到嗎？那抓痕還在空氣裡撕咬……但不要我們知情的大人，強顏歡笑或故作鎮定，說東說西就是不說發生什麼。

但小小的我們隱隱知道怪怪的，只是說不出哪裡怪怪的！等長大了，甚至成年了，語言能力齊全了，力量夠大了，我們才開始說出我們的擔心或恐懼，甚至是憤怒。

孩子對真實的渴望超乎我們大人的想像。

如果我們不能以真實與他們連結，他們會進入一種分裂，因為無所適從。

一次和高三學生討論升學志願時，一直和父母親喬不攏志願的孩子拿幾米的繪本給我看，上面寫著：「如果大人都不相信童話，為什麼又要不斷地對孩子述說他們不相信的故事呢？」

孩子說起媽媽小時候告訴他精衛填海的故事時，他整個腦海都是金光閃閃的鳥，他覺得夢想就是這樣的一個金光閃閃。然後爸媽現在說沒有金光閃閃，要現實一點，不要再空茫了。

我不覺得現實不好，問題是說一套做一套。

這讓人想到很多研習的最後座談裡，努力回答台下老師提問的主辦單位。說真的，我有時會替他們感到一陣緊張，那麼努力的為一個自己其實也不愛的理念，如此認真的說服別人，應該很辛苦吧！

就像不相信夢想的大人，花那麼多睡前時光說一個一個故事，最後發現孩子竟然真的朝他說的故事走去時，才來奮力阻止，這是一件多辛酸的事啊！重點還不是大人，重點是孩子辛苦，是說……我們一定要讓人生過得這麼分裂嗎？

認真的推行一個自己都不相信（或被硬拱去做）的計畫，結果因為認真執行，竟然成功了，最後真的看到全體都朝那個方向轟然滾滾前去時，會是什麼感受呢？如果那是自己真心相信的也就算了，如果也不是真的喜歡的呢？到底為什麼生命一直要放在這些不得不的事情上面啊？這輩子是立志來學「不得不」的嗎？

有時候我會以為其實教育一直沒多大的變化。

小時候的我經歷的是：督學來查時，老師要我們把考卷收起來，然後開始唱遊說故事的時間！好的！督學走了，考卷又要出來了。（天曉得，國小的我曾經多愛督學啊！）

現在學生說的是：什麼素養？什麼學習歷程檔案？最後還不就是考試。我們趕緊跟孩子說不是這樣的！這些課程很多元啊！是給你們探索用的喔！學生說多元哪有屁用，最後還不是要拉去學習歷程裡面做檔案，檔案的意思就是要有績效啊！說什麼探索？加深加廣還不就是在補充原來課程？還有還有，多元課程也不能只給我們快樂的玩，也不能只是辦活動，一樣要有產出，啊不是說要給我們探索，要怎麼立刻產出啦！

「都是騙人的！」學生說，「好玩是幌子，最後還是要考試。」

或者，有些聰明學生也不理騙不騙人了，確認終點站「卡重要啦！」每一步都要精算喔！看出最終還是考試，當然立刻盤整計畫，只要聯考不採計的科目（108 學年開始，五科採計的方法要走入歷史，各大學只採計自己需要的科目），學生直接跟老師說：「我在課堂上不會吵，但我要讀自己的書。」

所以啊！有時候在研習裡看到主講者那麼認真負責的準備資料，告訴我們如何讓孩子定向，透過適性發展規畫，透過選課，選學群，最後就進到他最愛的科系了……賓果！這種時候，我老是想起馬斯洛老大說的：「知道自己想要什麼，並非正常的現象，而是一種罕見並困難的心理成就。」

罕見並困難是因為「選擇」。

而選擇除了直覺，大部分時候是要透過「練習」的。
而練習時的失誤，除了自己的「接納」還需別人的「理解」……

這麼大的學習系統，怎能不罕見而困難呢？

我們總是提到德國孩子在五年級就開始分流學習，練習為自己人生負責，但我們不提他們的父母和社會接納系統，也不提他們在分流之後，學術學校和技職學校是如何互轉？

或我們談 X（新型學測）＋Y（加深加廣分科測驗）＋P（學生綜合學習資料），宣導孩子要好好上傳 P 喔！但我們沒說大學端還沒表態他們要如何評估 P。那些到最後突然發現，勇敢承認自己之前選擇錯誤，以至於學習歷程幾乎缺席的孩子，大學端要如何分辨得出這是一個幡然醒悟，還是渾渾噩噩？

或是其實重點還是 X＋Y？

還有啊！不認識自己的孩子到底要用什麼能量選課呢？是用父母價值？還是社會觀感？或是朋友的想法？ 如果不清楚自己念頭，如何談選擇？又如何論負責？

把力氣放在「考試引導學習」的邏輯裡發展教育的結果，是我們在擴大養出精明計算的孩子。舉例：打掃有助於學習歷程！幫忙班級事務有助於學習歷程嗎！好！來做！但如果沒有服務證明，無法列入學習歷程呢？誰要？

學習該來自渴望！

即便知道真實的渴望如沙金，難以掌握，都該在這一生去探索。

渴望從生命底層湧上，源源不絕，斷流時，還要自己繼續開挖。考試則是由上壓下來，是眼前的胡蘿蔔，是驢子屁股上的鞭子：剛開始好吃，吃久了就膩了；一開始打會畏懼，打多了也就麻了。如果我們還有一些氣力，實在應該把研究放在如何啟動生命的渴望才好。透過認識自己，解讀自己，接納自己，然後讓渴望一個一個真實的浮上心來，這才是教育要做的吧！甚至不只對孩子，我覺得對自己也一樣，不是嗎？

舞蹈家瑪莎·葛蘭姆說：「我們在發現自己能做什麼之前，根本不明瞭我們自己。」這真是驚悚的提醒，如果明瞭了自己不能做而不做，那是幸福的；如果不明瞭自己不能做而大做特做，會否是悲劇呢？

2018 年 6 月 11 日《聯合報》出現一個「大校不快樂，小學校長請調鄉下」的標題，我看了好開心啊！不是看人不快樂，幸災樂禍，而是看到實話很開心。

報導上說：「資深校長指出，大校學生數動輒數千人，加上家長、教師人數多，『需要容忍的事很多』，又有行政人員荒，讓校長深覺『有志難伸』。校長說，如果不是還有價值和使命感，多數人都不會想往大校跑。」

這樣好多了！

比起一直呼喊：「這專案很棒！」「大家跟緊腳步一起來啊！」
好太多了。

生命都去到剛剛好喜歡的地方吧！

不要擔心因為這樣說，大校會沒校長！大校有大校帶人如帶大軍
的氣勢，該是將軍的，自會提刀上馬。小校有小校互動如家人的
溫馨，該做守護菩薩的，自有喜悅安住。說了實話就會開始有了
抉擇，抉擇帶來承擔，承擔自會引動創造，生命自己就是這樣找
出路來的。

不要擔心跟孩子說考試很重要，X＋Y 是責任，去讀吧！不要擔心
去說考試以外的事有必要，即便 P 不確定，我們都要去創造，因
為那是自己的人生。

我們這些叫作大人的人，都來練習活得更真實吧！
多出來的那一分真實，會讓孩子的世界少一些分裂的。

◈ 未被認出的中間孩子

這是一個很有趣的現象，如果以金字塔圖形來看教室裡孩子的結構，可以分為三層：頂端、中段和底層。我說的教育現場裡「被忽略的孩子」就是中段的孩子。

頂端和底層是教育現場最容易看出績效，也比較容易做出專案申請經費。頂端總讓我們看到飄飄紅榜，總要心生豔羨，「拔尖計畫」裡養出一票神人等級的孩子；底層則讓人眼眶泛淚，奮而起念效法，「扶弱計畫」裡一票神人等級的老師讓人好感動。

這些都是善意，也都該做。

但是當教育和媒體行銷越來越像：不夠驚悚的標題很難引人興致；不是跌宕的情節很難叫好叫座……這時你會不會懷疑，到底我們是養孩子，還是做行銷？

可以把多一些力量放在中段嗎？演講時，我總是這樣邀請老師。帶班時，我自己也放了大量力氣在金字塔中段的孩子。

什麼是金字塔中段的孩子？

金字塔中段的孩子就是班級裡表現一般般，看來沒啥大過，但也難有機會做出大功的那一群，因為大好（在名人榜）、大壞（在社會版）多被金字塔的頂端和底層包辦了！

中段的孩子啊！乖巧些的就做幹部，大約就圖書股或總務股，不大需要發言的這種。調皮些的，就跟著爬爬牆、蹺蹺課，但出了事，總有帶頭那個會被記嚴重大過，他頂多警告一兩支⋯⋯還是可消除的那一種。這樣的孩子在班級裡好像存在又好像不存在，全是一張張模糊的臉⋯⋯

我們在教育裡忙著拔尖與扶弱，卻忘記這些模糊的臉就像大部分的我們一樣，其實是每個團體裡安靜又巨大的中堅分子。
這些中堅分子就在每個陰陽交界點上，可上可下，可黑暗可光明。

這還不夠精彩嗎？
牽一髮要動全局。

這是為何帶班時，我把焦點放在中段孩子的原因，我知道那裡面是無限可能。我去練習認出每一個模糊臉孔，試著陪伴看來乖巧安靜不太有事的他們，找出隱藏在他們內裡的大大小小力量，然後把它展現出來（我用馬雅印記裡面五大印記來解讀，非常快速）。

然而，這是一個很低報酬率的帶班方式，因為缺乏精彩跌宕的拔尖扶弱情節，就像愛情小說裡沒有撕心裂肺的哭喊與撲朔迷離的情節。舉例來說，老師像發現新大陸似的說著：

「好棒啊！學生都願意掃地呢！」
「孩子自動在花台做布置，還種出可食用的蔬菜呢！」
「有人主動在老師上課前在講桌插了花，用的是垃圾桶裡的飲料玻璃瓶，和早上校園裡落下的豔豔木棉花……」

很好！但這些都叫瑣瑣碎碎星星點點，上不得檯面，也成不了大局，真要拿這些去申請教學卓越獎、專案經費……喔喔！別傻了。

不過，很多老師其實不太理報酬率這件事。
教得越久，看完成績看排名，看辦校優等看榜單……越看越知道，老師們真心想看的是：到底能在天地間養出什麼樣的孩子。

我總是跟畢業孩子說，如果讓我知道，現在我這麼認真教你，結果將來你拿知識作惡，「我就是拿拐杖，我都要去打你。」學生大笑，說最好拿著拐杖還追得到人。
我當然打不到你，但我要讓你知道我就是要打你。

教育是替天地養人，不是幫排名幫專案幫行銷──從來不是。
我們來養越來越多這樣看來做著微不足道小事卻心懷喜悅的孩子，好嗎？
他可以成績很好，也可以成績不好。
他可以現在很積極，也可以以後很積極。

無論如何，我們讓他練習做微不足道卻帶來喜悅的事吧！當他養出這份能量，將來在職場上，他就是那讓同事歡喜的氛圍；在家庭裡，他就是那讓家人安心的力量。

改革自古何曾停過？翻轉又有多少包裝？我們不否認一波波改革是善意，但也不要忘記來去之間，方法終歸方法，所有方法只是為了來做一件事：協助教室裡的學習者（師與生）認出自己是誰。如果他不能讓生命越來越清晰，而是一團混亂，即便他有再多經費可用，即便他有多少獎項可拿，算了吧！忘記拔尖與扶弱吧！忘記專案與計畫吧！好好定下心來看見，教室裡有那麼一大群孩子，他們是定靜的力量，不認出他們來，不陪伴他們尋找自己的內在力量，那才真是可惜了。

在還沒有使用星子印記這個系統之前，我自己土法試煉，先把班級幹部養成千里馬，再放千里馬到教室裡去引動其他跑馬。2012年學習星子印記後，即使不帶班級，不走幹部系統，也能很快速的認出班級裡中段孩子的力量。甚至當不是自己任教班級的孩子來到眼前時，我也能試著用這個系統陪他解讀自己。

每次看著孩子解讀完自己印記後，那種微微喜悅的表情總讓我感動，那就是一個認出的經驗，每一個人，從生命中每個區域的模糊裡醒來時的喜悅，是何等令人動容！那是一個開始在自己位置上亮起的星子，一點一點，光沒在分大小的，星子亮起，點點是名星空！

教室裡的中段孩子，是教室裡最大可能光度的星空！

關於解讀印記後的微微喜悅表情，我不會說狂喜，因為那像是推銷一個神奇。而生命的恍然大悟從來都是層層推進的，希望依賴一個系統完全解讀就登上極樂世界的想法，只會阻斷更深入的生命學習，要盡早理解才會更容易幸福喔！

▲▼△▽▲▼△▽▲▼△▽▲▼△▽▲▼△▽

PART 2

往內！
好好玩的馬雅旅程

Power 教師也有沒 power 的時候。

一直到了那個當下，

心裡的聲音跟我說：

「不誠無物。」

所以我決定要玩「真」的。

風暴裡我遇見繁星滿滿的馬雅天空，

於是開始跟著星星的方向，

往宇宙走去。

▲▼△▽▲▼△▽▲▼△▽▲▼△▽▲▼△▽

◈ Power 教師面臨的震撼

我的頻率很慢，1990 年台灣師大畢業，23 歲開始教書，一直到 2007 年，40 歲，才意外聽見內在會說話，才突然知道自己當老師是要做什麼的。

有趣的是，在40歲之前，教育界一些聽起來比較大的獎項，比如優良教師，比如第一屆高中組 Power 教師……我已經得過了，不是因為我多厲害，而是因為我被嚇壞了。

1990 年一進到教育現場，就發現，哇！教育現場跟教授教我們的很不一樣。

教授叮嚀我們：「老師要當孩子的墊腳石。」

好！我們也彎下腰，也把自己變成巨石，但是沒有孩子站上來啊（睡一片）！或站上來了，但有的會踹一腳（不要擋路）！

我們發現教學方法再厲害也沒啥用，不如趕緊把孩子的魂魄喚回教室來；於是一群同學在 1998 年就四處找方法，最後還編輯出版一本叫《班級創意經營──反鎖死教學手冊》的班級經營策略。

這是一本能應戰的手冊，兵來將擋、水來土掩的亡羊補牢方法一大堆，比如：學生上課打瞌睡怎麼辦？班級一直出現不適任但卻萬年不肯下台的幹部怎麼辦？不愛掃地？愛講話？家長要求換導師……這些班級裡的瑣事，我們透過前輩指點、同行討論，找出真正有效的方法整理成一本指南，據說是台灣第一本第一線教師自發性創意班級點子收集。

我們這些人寫完書之後，也沒人在問版稅，只覺得任務完成，就各自又回去繼續教書了，直到 20 年後再次聚會，突發奇想把那本書的版稅（一直存入某個帳號）拿出來一看，嚇一跳，居然破百萬。

這樣知道這些班級經營模組多好用、多受歡迎了嗎？

我自己也用得很開心，但有意思了，老天接下來居然讓我遇到一群孩子，立馬讓我看見這些費盡心力收集來的模組失效。哇！這太酷了！而且還是在我得完 Power 教師獎後。

那一年是 2000 年，也就是千禧年，身心靈學習的團體都說那一年開始，將會有更多人感受到孩子們的頻率不一樣了。

那一班的孩子在我對全班說話時，在週記上寫著「不要一直做宣導」；我改成小團體對話，孩子私語著「小心，不要被她分裂」；我想說那就一對一談話，容易交心，結果孩子傳來紙條說：「可以不要洗腦嗎？」

我自忖教學無私，又經驗豐富，如此被對待，實在心好痛。有一

次被氣到一句話也說不出來，憋著傷心回家，卻難過到走不進家門，坐在門口想到所有自掏腰包做這做那的畫面，想到編寫教案一份又一份的深夜……真的就放聲大哭，覺得被辜負了。

後來因為歷經流產又懷孕，高齡的我決定不繼續接班，自然的和那個班級的孩子沒有連結了。

好多年後，我開始參考娜妲莉・高柏（Natalie Goldberg）的書，和學生一起練習「狂野寫作」，學著順應自己的內心，將想說的話不假思索、一股腦地由筆尖傾瀉出來；在一次自然書寫脈流動中，我回顧了那年我和那個班級孩子的事，寫到趴下來放聲大哭，內心無限懺悔，我看見了當年的自己。

那個帶著完整班級經營模組、清楚知道哪個環節要如何安排的我，其實不太像孩子的老師，比較像是企業管理階層。

問題是：企業講經營，但班級裡都是生命，生命與生命只談陪伴啊！有哪一個生命想要被經營，孩子很敏覺，他們反彈的其實不是我做了什麼，他們反抗的其實是我腦袋裡想著什麼。

越小的孩子越能察覺這些隱藏（念）的流動。
這也是 2007 年後我在各學校和老師們聊的：
「請覺察我們的念頭」。

念先於行啊！念頭永遠比行事早現身。

那時的我在文字裡一直寫著：對不起，對不起，對不起……但我

不可能去跟這些早已不知散到哪去的孩子訴說這個發現，不過我至少能藉著文字把念頭送出去。

是孩子收到了嗎？
過了幾年，當年班級裡的孩子開始回來，有人拉了同學的部落格文字給我，說當時莫名討厭老師，實在很奇怪，因為「老師做的事明明都是為我們好啊！」

其中一個孩子來到我面前，深深鞠躬，說：「對不起。」

那天，天下著雨，我流著淚。
我說該對不起的是我，是我輕忽了班級裡的流動。

這件事對當老師的我是一份極其寶貴的經驗。
它讓我看見模組有效也無效，教室裡發生的一切，重點不是外在行為做什麼，關鍵在於內在念頭是什麼。

在這個覺知之後，我依然用著很多有趣的班級經營點子，但遇到的班級都變可愛了。有人曾開玩笑說我運氣超好，好到像仙女帶班。我都說，若是願意給我三分鐘，我可以跟你分享（上面那個）故事，覺知的神奇才是仙女效果的關鍵。

可是這還不夠好玩。
好玩有趣的還沒開始。

◈ 心會說話的那一年

那一年是 2007 年。

從那一年開始,不論是在班級活動或是和學校合作,即便身體工作還是一樣很累,但是心理狀態不同了,有種歡喜,這和 40 歲前扮演老師的我不太一樣,我後來才知道那是一股創作的能量。

2007 年才是我教書歲月真正好玩起來的那一年,我叫它作「心會說話的那一年」。

那是醒轉過來的一年,是第一次,我確定體內會冒出聲音,我還記得那時候的自己一臉驚恐!這是啥?有句子冒出?

後來參加 14 日內觀以及 21 日斷食體驗中,聽前行者們閒聊,才知道這根本沒什麼大不了。「每個人的內在小孩巨大安然,」他們笑說:「內在小孩一直很願意說話,只是我們不愛聽。」

郝明義先生在《一隻牡羊的金剛經筆記》裡比喻為,就像是收音機的頻率收到了一樣,沒收過的人大驚小怪。我讀到那裡時,笑到翻過去,沒錯,是大驚小怪。

我記得 2007 年那個會議現場，我回答完一個大家輪流發言的討論後，正經八百地說完提案……接著坐下來……然後就聽見心底很清楚地傳來四個字：

不。誠。無。物。

我愣了一下，沒錯，那聲音好清楚。我第一次感覺到「我」在看著「我」自己說話。跟在「不誠無物」這四個字後面流出來的句子大概是：
「我剛說啥？」
「我說的是真的嗎？」
「剛說的那些活動，我會希望它被創造出來嗎？」

然後，我轉頭問身旁一樣也 40 歲的同事：「欸！我們玩真的還是玩假的啊？」然後，我提議來辦一場自己真心渴望的活動。那一場我們集體渴望的活動主講人，就是《越讀者》的作者，大塊文化的郝明義先生。

從《越讀者》開始，我和同事像上了發條一樣，開始自主而喜悅的辦起一場又一場活動，不是學校指派，而是自己想玩。這在當年教育界裡應該像神話吧！但我們又不覺得在創造什麼，也沒覺得自己熱血，真的只是覺得好玩，很想把它完成。

我自己也同時開始兩百多場班級經營演講，幾乎都以同一個「為班級多孵一個夢」為題目。主任們常開玩笑問我怎不講孵一顆蛋？老講同一個題目。我也說不出所以然，直到知道自己生命印記是「藍夜」，知道藍夜的關鍵詞就是夢想時，我大笑──這好

玩！原來在自己的頻率裡講話是這款感覺，直說就好，很開心。

後來，我還把 2000 到 2007 年間，自己土法煉鋼的班級經營方法，從《班會就是夢想國》到《幹部就是千里馬》到《始終歡喜……班級裡的期初與期末》出版成一套書，當然這系列的主題目一樣就是「為班級多孵一個夢」。

2007 年也是開始和同校老師利用國文課，藉由「狂野寫作」的概念帶孩子做真實的生命書寫的一年。

我們說，忘記你要成為作文高手這件事吧！
如果成為了，很棒，給你拍拍手；如果沒有滿級分也沒關係，我們這輩子可以是自己的生命寫手，真實的寫，悲傷的寫，快樂的寫，當下的你就寫當下的你……按照《狂野寫作》作者娜妲莉·高柏說的，「閉上嘴，開始寫」。

我們還去附近小學帶小朋友寫（沒有任何專案，於是也不必寫評鑑，哈！自掏腰包買工作服，只穿一學期也沒嫌貴，因為是穿開心的），還跟老師們分享，跟學生分享……

不過，很多老師後來不寫了，不是不好，是因為孩子寫出很多超乎我們能力負擔的真話，幾乎得走深度諮商。很多孩子後來也不寫，也不是不好，是因為「聯考作文不用寫到這樣啦！」孩子實說。

嗯嗯，想想也是！

但這些都沒有讓我停下來，我自己還是寫，還是喜歡，還是盡量

用方法拐孩子，在一個禮拜很緊繃的課程裡，我說：「我們來奢侈的寫一堂吧！自由畫！自由寫！」

雖然，真實的一堂課裡，你也會看見孩子自由的不寫或自由的發呆……但我總是繼續。於是結了婚就不寫作的我得了幾次文學獎，班上孩子也拿了一些各路文學獎；很多畢業念研究所的還要寄本子來給我，整本包得密密緊緊，上頭留了幾行字，說：「老師你不用看，我只是要你知道我還在寫……」

知道嗎？光這樣就足以讓我們這款老師拿著本子紅了眼眶啊！

我很喜歡 2007 年後這樣生活的我，一個如實分享被滋養的我。

2007 年，如果要說我知道自己當老師是要來做啥的，那就是：我要跟孩子說，往內，往內，再往內……去聽見自己心的聲音，那裡有很好玩的力量，當你開始和它連結，你會進入一個不一樣的通道，開始玩人生。

2007 年這樣的醒來經驗，不是從夢中醒來，而是睜著眼，在現實裡醒來。有人比喻過，那就像是坐在漆黑的電影院，長時間望著螢幕，陪著哭和笑，有時還過分哭和笑，有一日，突然發現，螢幕上是別人的人生；突然意識到，自己的人生根本還未開始。於是醒來！回魂！開始自己的旅程。

那個醒來不帶任何念頭，不是一個希望或是一份祈求。它比較像是定時鬧鐘突然響起的概念。如果人生腳本真是預先註定，闖關都安排好了，那這個醒來比較像是觸動機關，說：遊戲開始，來吧！

後來我知道，若用馬雅曆的行話來講，2007 年其實是我潛藏能量啓動。

在馬雅月亮曆法中，每個人都有一組由五個圖騰（命運、支持、挑戰、隱藏、引導）組合的印記，每個圖騰對應的是生命中不同的能量和不同版本的自我。

我的命運主圖騰是「藍夜」，而代表推動力的隱藏圖騰正是「白鏡」。白鏡子正是走「誠」的力量，那個說著「不誠無物」的聲音，我的解讀是「誠實」──「誠」（意）能生「實」（相）。

而那一年，我自己的流年印記力量正好也是白鏡子。

妙吧！

那一年我進入的，正好是我印記裡頭的鏡子通道：不誠無物。

過了十年，2017年，我看到當年燃起文華校園越讀者之火的《越讀者》要出十週年增訂版；我看著推行在即卻混沌未明的課綱，發現十年前《越讀者》提倡的「越界閱讀」，幾乎和十年後課綱的閱讀能力指標不謀而合時，我立刻興起邀郝明義先生再來一次的念頭，那個起念很純粹，就是：來吧！

結果，郝先生再度來文華分享《越讀者》那一日──日期不是我們選的喔！是郝先生的秘書安排的──我發現居然就是白鏡日，哈！巧合都這麼故意！人生怎能不好玩？

◇ 好好玩的能量

我越來越知道當老師的自己最擅長、也最常用的能量就是「好玩」二字。那是真正的驅動自己，引動孩子的能量，除了「不誠無物」，就是「好玩」。

2007 年從心底冒出的「不誠無物」四字。誠是指真實意念。
「不好玩，為什麼還要繼續啊……？」是我心底真實的聲音。

但 40 歲前，2007 年以前，我不太敢這樣說。因為那感覺很幼稚。

只有在幾次會議裡忍不住要舉手問：「請問你真的希望這樣的活動被創造出來嗎？」或是「你真的渴望你的孩子也在這個專案裡嗎？」我沒有找碴的意思，我只是感覺不出來它好玩，我很難假裝它很好玩。我忍不住要問問主辦人，你有這麼喜歡把它創造出來嗎？或你也不得不？

40 歲前，我一直被提醒不要一直說「好好玩」，要說是因為很努力才獲得，不然人家會說你自誇或不認真或吃飽太閒之類的……我知道人家為我好，雖然我常不知道「人家」是誰，但我還是把好玩二字收起來。

其實我想說，我也很努力啊！
但我努力的方向是讓教書更好玩，我完全沒有意思想讓教書很有成效。

有時候冒出一些成效，實在不在規畫範圍。
比如，學生考上聽來很厲害的學校，聯考作文分數很高。
或是，讓孩子自願幫學校打掃一年——沒人規定，全是自願——還把孔子銅像擦到晶亮。
又或者，說服孩子願意陪伴本來因教學成效不佳要被換掉的老師，全班想方法幫老師表達得更到位。
還有，讓孩子在課堂上不寫正規作文，奢侈地用一節課時間寫那些鬼畫符的「狂野寫作」；結果孩子自己籌畫，在咖啡店辦靜態作品展，還在誠品書店連辦兩場狂野寫作活動——那是現場觀眾出題，孩子即席寫作、當場朗讀的高難度活動喔！

這些都當它是偶然吧！成效不是驅動辦活動的原因，好玩才是。

但我閉起嘴。不說。
因為我還是擔心別人喜歡的是努力的我，不喜歡愛玩的我。
但我心底知道我在玩什麼，也很清楚知道要讓孩子的快樂更多，不是放縱他們玩，而是引動內在真實的渴望，那個渴望才會帶來好玩的事。

得一直到 2012 年，傳說中的末日，我接觸到馬雅曆法，這三個字「好好玩」才像爆炸開來似的回魂。

◇ 2012 藍風暴年遇見馬雅

為什麼是 2012 年才讓好玩的靈魂再度回身？

2007 到 2012 這五年，我拿自己土法煉出來的模組去跟第一線的老師分享，而且還把這些方法出版成書。2012 年，我開始感受到現場老師的疲憊，看見學生的忙亂與茫然。一套套的模組似乎沒為教育列車找到方向，我察覺模組要越少越好。

我開始想，教育現場正在發生的一切，會不會是只見到水面上的冰山一角，奮力而忙亂地想融掉它，卻忘記了水面下那一大塊？我們是不是忽略了在底下做功的龐大系統，只做了治標而不治本的表面工夫？

好吧！生命是十分有趣的，就在我動了這個念頭後，馬雅星子印記來了。

2012，傳說的馬雅末日年，我在這一年接觸了馬雅曆法，這也是這本書在這裡的原因。它像是一個機會，在轟隆隆冒煙蒸騰狂衝的教育列車裡，藉著星子印記，簡單的，我有了回到自己位置的真實感受。

如果說給物理學家一個支點就能撐起世界，那我的世界開始以馬雅爲基點，各種解讀路徑交叉比對，如光從四面八方來照，讓我得以慢慢認出生命輪廓。

2012 年其實是我生命中的低谷。45 歲的我正在經歷巨大的風暴

2012 年的我，正熱烈地在台灣各處學校演講「爲班級多孵一個夢」。
2012 年的我，也正在經歷弟弟中風、全家身陷悲痛的歷程——我不知道未來在哪裡。「神都死了吧！」我在日記本上寫道，我哭，但不能讓爸爸媽媽知道，因爲他們背負更多。

外在生活上，我在台灣分享班級經營，正熱。
內在生活裡，陪伴家人的歷程正開始，很苦。

曾是運動員教練的弟弟，進入中風第二年。鬼門關前搶救回來的他，意識與體力漸漸恢復，抗拒的痛苦卻開始如火蔓延，被禁錮在身體裡的靈魂憶起怨恨的念和憤怒的火，從四周人際關係燒起，一直延伸到兒時記憶，我的原生家庭裡正起風暴。

風暴啊！親愛的，我們談談風暴。

如果我在這裡停下來，跟你說 2012 年，傳說的末日年（後來我們才知道末日是誤傳，2012 年只是馬雅曆一個循環的結束），在馬雅曆法裡的名字就是「共鳴的藍風暴」。這樣說，你有被觸動嗎？能否看見我們其實都在一個更大的生命迴圈共鳴共振，天地人息息相關！也許你回顧一下自己那一年，也能看見風暴帶來的轉化呢！

2012 年，傳說的末日年，我不覺末日可怕，對我來說，看著家人受苦，比末日更苦。

朋友說我好堅強，我也以為我是。後來我才知道這種堅強一點都不堅強，他只是強忍！壓住！壓住恐懼！壓住絕望！壓住期待！壓住渴望……這一壓，我的好玩能量都散去，對我來說，這是很可怕的。

那段日子，我常覺得家要破了，我要死了。

感謝讓我從書店拿下台灣第一本馬雅手帳的因緣。2012 的那個「我」站在書店，找書。我也知人生如潮，但這浪怎能這麼低？我完全浮不起來。這浪怎能這麼高？我滅頂難呼吸。我也知各路神明在幫忙，但心裡還是痛，我想知道怎麼解開那個無助。

在書店的我好奇著，一頁頁翻閱這本充滿圖騰的書──沒看過這樣的書！馬雅手帳書裡 260 個印記好像一個個眼睛，我看它們，它們也看我。

「這是什麼？這是什麼……？」我一邊翻書心裡一邊想。圖騰吸引力大，但一旁搭配的文句文意模糊不清，卻隱約感覺它說在我心底。我甚至用書裡的印記回頭檢視發生過的事情，感受越是微妙。習慣說「隨緣」的我，看著卓爾金（Tzolk'in）曆，第一個浮上心頭的感受是「萬物皆有序列」：緣後原來是安排，悲喜無需多言，理解就有了然。

慢慢讀著，我漸漸明白，所謂的星子印記其實就是一個認出的路徑。這套印記源自於古馬雅人的卓爾金曆法，以 20 個「太陽圖

騰」和 13 個「銀河音階」的調性搭配，就變成對應馬雅曆 260 天週期各日的 kin 印記。我們每個人的出生日都有各自的一組印記，印記裡有命運（當日的主 kin）、支持、挑戰、隱藏、引導五個圖騰（kin），那組印記是我們在宇宙裡的位置，代表著我們本就含藏的、由五個圖騰各自特性組成的能量系統。

當我開始讀到馬雅人說「把日子過好來，就能過好日子」；當我畫著 20 個圖騰，讀著 20 股對生命不同詮釋的能量，再搭 13 個調性——瞬間，每個人都有一組星子印記，每個人要做的就只是回到自己的頻率裡……

星子印記

1 每個人都有一組完整的星子印記，由三個元素搭配組成。分別是顏色、圖騰、調性／音階。
2 圖騰：又稱太陽圖騰，從紅龍啓動到太陽收束，代表 20 款不同的靈魂特質。圖騰有紅、白、藍、黃四個。顏色代表的基礎意義是，紅色有啓動能量，白色淨化，藍色轉化，黃色成熟。
3 調性／音階：是一個頻率或是一個流動的軌跡，13 種調性就像 13 個不同的電流進入太陽圖騰，會讓同一個圖騰有 13 種不同的生命模組。
4 完整的星子印記由五個 kin（一個太陽圖騰搭配一個銀河音階）組成，分別爲：

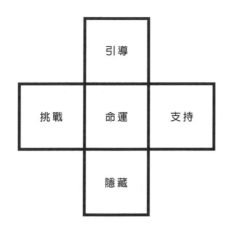

中間的命運 kin：這是一份與生俱來的本質，是生命基礎能量。

右邊的支持 kin：這是一份志同道合的能量，是夥伴支持能量。

左邊的挑戰 kin：這是一份擴展能量，是反作用力，代表著逆境成長。

下方的隱藏 kin：這是一份潛藏能量，是生命寶山下的禮物，或潛藏的自己。

上方的引導 kin：這是一份指引能量，是貴人引導，創造實現的機會。

接下來 Part 3 的部分，將會以太陽圖騰的分類方式分享 20 個星子的故事給初入馬雅的您，至於 13 調性／音階不在這本書的範圍內，因為加入 13 個流動方式，就會需要 260 個印記故事，這個……可能要寫成史詩了，請容我暫緩。

在閱讀星子故事之前，**邀請您先到 223 頁閱讀**〈步驟二 讀取馬雅知識簡說〉，那裡有太陽圖騰和月亮音階的基礎整理，能讓您進入星子故事時，有一個簡易路徑可循。

我開始寫下自己的出生年月日，參考著書中的計算法與圖表換算，找到自己的印記「藍夜」，拿它解讀我自己。我跟弟弟說他的圖騰，陪他認出他心底深處的「老鷹」（他的生命印記裡頭有一個版本是老鷹能量）。我用圖騰和家人聊天，家人也許不懂，但我可以藉著畫印記的過程，訴說我內心的想法。這個過程很慢，有很多哭泣，有很多咒罵，但步步踏實。

2015 年，弟弟重新開始進入自己的學習世界。
他重新開車，到日本自助旅行，拿起球拍練習回憶自己的運動神經，甚至走入自己的閱讀世界，安靜下來。我常開他玩笑，叫他不如寫一本書叫作《中風飛行：幫自己特教的特教老師》。

哈哈！以前的我若寫到這裡，一定會在這裡寫著類似公主與王子的結局，比如要說：「你看！我弟弟恢復了，過著健康快樂的日子呢！」但現在的我不會再這樣說啊！我也不會說全是馬雅星子印記的功勞喔！我只會說，常常在和弟弟對談時，連結他印記能量再和他對談的我，像能長出一個眼睛來似的，能安靜地觀著，觀喜怒起伏……因為靜觀，情緒來去時，也許還是會被淹沒，但有時得到機會能站上一會兒浪頭，總是感恩。

我自己也從 2015 年開始不再滿足於文字的閱讀。馬雅星子印記好像一個巨大知識庫，我想再走進去些，於是開始找老師學習：澳洲醫師 Anna 的啟蒙，拉姐的導讀，墨西哥薩滿老爹的引動，甚至擔任 Monica 老師四次工作坊的承辦人，還有遇見第一本馬雅手帳的作者 Rita……每位老師風格不一，但都是好玩的能量！

好玩！好玩！印記解讀時，我看見每個人都是來地球體驗的：

玩吧！像藍猴子一樣認眞的玩！
放吧！像紅蛇一樣快速的放下！
完全的憶起紅龍般巨大的智慧！
然後全然的閃亮如太陽……
專屬每個人、每一日的獨特教導，眞的太可愛了。

◈ 起心連結馬雅與教學現場

2012 年後，藉著馬雅，我在陪伴家人困境時，除了流淚外，練習用每日星子印記的能量解讀家人與自己，就好像得著一雙隱形翅膀，能在看來像是陷溺當下的狀況裡，發現還有什麼路徑可行。

從 2012 年開始，我也嘗試著在班級裡，使用這套解讀路徑陪伴我遇到的老師和學生，去認出自己在宇宙裡的一個相對位置。

古馬雅人的問候語中有一句叫作「In lak'ech」，意思即是「我是另一個你」，而我自己面對光速孩子的經驗是：「教導不再是重點，認出是關鍵，而調頻要用對方法。」

當我先認出自己的位置，然後進入「我是另一個你」的視角來認出孩子的位置，頻率便開始連結，調頻也就可以啓動了。

調頻的意思是什麼呢？意思是進入對方的頻率，當頻率一對上，共振的機會就來了，用白話說就是有溝通的機會，對話變得輕而易舉。對我來說，它有點類似辨識系統，透過它，我找到一個可以和孩子快速連結的頻率。

有時，光速孩子來到了面前，什麼話也不願意說，圖騰就成了一

個很好的話頭。「來自古馬雅的曆法」、「五個圖騰組成的能量系統」、「取回力量」，我細細解釋圖騰背後的含義，孩子也會忍不住受這其中饒富趣味、籤詩一般充滿象徵意義的語言吸引，於是我們有了對話的起點。

或者更多時候，孩子願意說，只是自己也摸不清心裡的頭緒，這時馬雅也是很好的輔助。藉著畫印記，我們有了感受與思考的起點，列出了生命中不同的可能，一一和現實對照，探索出最真實的答案。

最有趣的是，常常我才讓孩子看他自己的印記，他就哇一聲說：「很像我耶！」

好！不管是真的像或只是一個聊天的機會，我們藉著這個通道開始聊起來，我們和孩子便有了一個輕鬆而好玩的對談管道。

藉著它，我能更快和有需要對談的孩子做一對一連結，它推翻以前冗長的個案對話，或即便繼續對話，也比較像是一起探索。一直對班級經營有興趣的我，發現尋回星子印記的孩子，似乎更容易進入自轉系統，這有助於微調班級能量。

藉著它，在引導學生寫作時，能更精準的讓孩子和他自己的本源能量連結，孩子能輕易用自己的語言去訴說想法，這對於和孩子玩「狂野寫作」十年的我來說，發現尋回星子印記的孩子，似乎更容易打開書寫能量，這有助於個人覺察。

其實輔導孩子的事情，第一線教師從來不缺席，或者有些人失

職，但大多數老師的天職是，當孩子來到你跟前，不論是提問或求助，很難不回應，重點是時間和品質。

越來越忙的師生需要的是更精準的對話，陪伴不再是量的堆疊，而是質的到位。

我嘗試用印記和孩子連結，意外的發現速度變快了，但是原來的溫度又沒變化，這真是太棒了！這也是書的第三個部分 20 個星子印記故事的來源。

當然，有人說馬雅星子印記有著古印加能量，但在這本書裡，我沒要說這些，我只是想實實的來說一個老老師，聽著轟隆隆不知要開去哪裡的火車聲，藉著馬雅來陪伴學生時創造出的有趣經驗。

我還是那個教書 28 年的老師，相信當自己把自己的靈魂認出來，認出自己有多深多廣時，「比較」退去了，「分別」不見了，然後空間讓出來，開始能認出眼前屬於自己、獨一無二的路徑有多美多好……

然後就看見孩子了。

下面是一個尋回印記的白巫師孩子回饋給我的訊息，我問他要用真名發表嗎？他說：真名！

白色閃電巫師　陳俊榮

在聽到老師說圖騰時，我是一頭霧水，不僅對馬雅曆法一無所知，也根本看不懂一堆複雜的圖騰。

但看著老師懷著滿腔熱血、驚訝地跟我說我是巫師的時候，我一邊看著她像小孩子一樣跟我說話，一邊覺得這完全沒有科學根據，這是啥啊？

我是自然組的學生，看事情的角度也講合理，所以起初我對這些圖騰完全不相信，我接下來說我自身在遇見圖騰之後的事情，皆為真實感受。

1. 讀書時可以更心無旁騖。說來也神奇，起初在學校的成績都吊車尾，對於讀書也提不起勁，在知道圖騰之後，從原本班上墊底，可以到中模的中間排名。

2. 感覺跟家人更親近了。原本宿舍生活都不會想家，不是說不關心家裡，而是不知道如何對愛自己的家人表達關心。而現在慢慢可以給家人一些回饋了。

3. 對於未來更有想法還有自主規畫。不知道是因為慢慢在長大還是因為什麼，原本渾渾噩噩過日子的自己，也開始會早一步規畫自己的下一步或是更加遙遠的未來。

圖騰這個東西對我來說真的很神奇，有很多事情都是在認識它之後改變的，但我自己的圖騰所帶給我自身最大的收穫是：我嘗試去面對真實的自己，唯有學著面對自己，才有辦法去改變自己，創造自己要的未來。

◈ 生命中的分享功課

2015 年興起找馬雅老師學習的原因，除了馬雅知識的紙本閱讀已經很難滿足之外，還有一個關鍵就是班級經營演講時，我發現第一線老師們的能量變了。

也許是跟開始推動教師評鑑有關，也許是跟課綱改變、年金討論有關，演講時，老師的目光還是熱烈，但身形疲倦不堪。有一次演講也許引用較多佛經，主辦的長官以為我會論命，下了課找我問家裡事，我跟他誠實說我不會，但我可以傾聽。於是在落日黃昏的校園裡，我陪著那個訴說的眼淚一下下，感受著現場老師們的內在。

那麼一下下的時光裡，我想著，神佛的事請神佛幫，如果我能用星子印記解讀陪伴自己度過家人的辛苦，老師們或許也可藉著這個簡易路徑幫助自己。

我希望自己在星子印記的開心能讓身旁的人一起品嘗，一點點都好吃。

於是，2017 年 3 月我在臉書上發出訊息：我想陪老師們尋回星子印記。這件事讓朋友常看著我說：「你好像抱著一個什麼開心的

秘密，一直有快笑出來的感覺。」

我是啊！太好玩了。
我想分享！
我想分享！

後來我才知道：2012 年尋回的是圖騰「藍夜」的力量，後來尋回的是圖騰上頭的音階「韻律 6」的力量，之前我在「藍夜」圖騰裡的開心是自己的開心，那是一個歸位。而當我進入自己的生命功課，韻律 6 帶來的是「分享」。

分享吧！分享吧！

接下來就像曼達拉展開那樣好玩，為了幫私訊給我的老師畫印記，常常就是我南下，對方北上，常常約在高鐵站的某區，就著一張桌子畫起印記。對於猝不及防的大笑與眼淚，我越來越不覺尷尬。

就這樣吧！就這樣吧！我們繼續看印記說些什麼吧！一個很排斥行政的老師找回印記之後，說提起精神要去接行政了；一個跟孩子處不來、一直想躲在廁所裡的老師，說他發現孩子不一樣了，每個都像天使。

我還去花蓮海或市集畫印記，開始人生中第一次擺攤位的經驗，花蓮鹹鹹鬧鬧的海風，還有壯烈的大雨和微笑的彩虹都在我記憶深處，陪這些完全不認識的人畫印記時的淚和笑更讓人悸動。

接下來是到學校演講時，乾脆直接把星子印記放入，提到如何用印記解讀自己與孩子時，老師們的眼都亮了。是啊！誰不想藉著好玩的印記圖騰多認識自己一些呢？有趣的是，我後來還發現教育現場兩個印記能量特別多，一個是黃戰士，一個是白狗。戰士得清楚為誰和為何而戰，才能全力去戰；而白狗要接納要愛自己的單純，要看出何處能是立足處，才不會帶著自己四處奔竄。

最有意思的是幫老師籌備馬雅工作坊，我教大家如何看著馬雅曆的年份與月份對照表，找出代表年月的數字，再去加上日期的數字，對應 260 個 kin 印記編號，一步步找出自己的印記，然後慢慢計算，畫出一整組印記裡的五個圖騰。

看到一個一個老師來畫著印記，我心底有種莫名的狂喜，因為我老覺得與其讓別人為你解讀，我更愛看見大家自己解讀自己啊！

讓解讀不要來自單一。可以暫時依靠，但毋需永遠依賴。

我記得 2018 年 1 月 13 日工作坊結束時，一個老師傳來訊息，她

我的學生帶我到花蓮海或市集畫印記，這是一個全新的體驗。學生笑說我這張照片看起來超像女巫。

寫著：「奇妙的一天」。她說好像看孩子的眼睛不一樣了。說看見孩子了！認出這個孩子和那個孩子不一樣，樣樣都很可愛……我讀著讀著，感動到掉眼淚！

曾經，她努力付出，每天改不完作業，希望不要再進教室。
現在，她坐在教室裡，找時間就跟孩子大力宣稱世界真奇妙。

還有一次，一位老師看著自己的印記，流著淚說，希望自己就是那個展翅的鷹，她寫了一段話給我，署名為「老鷹少女」：

這個午後讓我想起以前在家鄉蹦蹦跳跳走路都會笑的那個實習老師；想起在深夜始終不敢睡覺，等待天亮的那個小孩。
在各種契合下，我看著燭光，聞著花香，跟那個小孩說：沒關係，你已經做得很好了，這不是你的錯。
你的歌聲把我帶回了台東那片土地，花讓我想起了家，想起了在路邊賣花的阿嬤，我們家客廳就是插著客人不小心折斷的百合花。
整場聚會非常療癒，有許多動人之處。
其中幫助我最大的是打從一開始到最後都提到的「剛剛好」。
做自己剛剛好能付出的，就會得到剛剛好的回報，這一切就這麼剛剛好在我失衡，找不到自己船艦時發生了！
現在好像有找到自己的船艦，而不望著其他絢麗的戰艇了！
非常謝謝您溫暖的擁抱和文字，期待下次的相見。:D

這些對談與回饋讓我感覺生命正一點點回到小時候好玩的頻率。

甚至當我任教的學校問我願不願意在沒有費用之下，陪伴適性輔

導孩子畫印記；或開辦老師社團，帶大家初階學習……我還是一口答應，心底並沒有任何想因此而影響或傳承什麼，純粹就是初衷：

老師歡喜，囝仔就歡喜。
囝仔歡喜，老師就歡喜。

這麼好玩的星子印記，連結著 2000 年後孩子的頻率，怎麼捨得不讓老師們歡喜呢？

為老師們辦的馬雅研習，大家都玩得很開心。

星子回家：
20 個印記能量故事

滿天星斗，無分明暗，亮起就是星空。
馬雅星空閃閃，
每道光芒都在釋放，每道光芒都在創造。
伴著大人和孩子，跟著星星玩校準，
找到自己的方向了嗎？
快快坐回各自位置吧！
要起飛了呢！

◇ 文字冒火的少年

**紅龍——
認回每一個自己**

紅龍啊！
所有過往不空過
悲也好！喜也罷！都是你，都是你
那個你超乎你目前能想像的極盡
不要怕嬉鬧！
不要怕玩耍！
不要怕無意義！
去玩！去嘗試！去探索！去冒險！
去讓過去種種種種的你回來！回來！
回到現在，一隻巨龍要飛天

我遇過一個紅龍孩子，幾乎每篇作文都是憤怒。

我雖然只是國文老師，但看著文字裡冒出那麼多火來，無法不找他來問問，這一問才知道他曾接受諮商輔導一陣子，但是無效。

他說，該輔導的又不是我，幹……嘛一直找我談。
我說，我是國文老師，不會輔導，但我認得文字流動，我喜歡畫星子印記，你要不要找你的印記？

他沒說好或不好，我邊幫他找印記，邊聽他說起爸爸媽媽、阿公阿嬤、叔叔嬸嬸不相往來，一開口就吵，理由從家產分配到水電拆帳，無一不可怒，但又卡在經濟因素，一家子不得不同住在一棟透天厝。

從小他就是那個負責傳話，也負責聽入抱怨的孩子。現在長大了，他開始厭惡自己生在這樣的家族。

「很可恥。」他說。

家人覺得這個溫文儒雅的孩子變了。
不只三字經滿嘴，還常怒目對家人。

這也不難解，就是家庭養成的問題。
這也最難解，因為家庭是學校輔導裡最難探入的區域。

我能做什麼呢？
我讀他的文字，我畫印記給他。

原來是紅龍啊！
陪伴孩子畫印記的過程中，我發現紅龍的力量和家族或過去世的記憶很緊密。
我開始靜靜帶著他解讀這個和過去連結甚深的印記……

「請你試著練習理解和連結。」我說。
「不想連結。」孩子很憤怒。
好啊！那就接納自己的憤怒，不想連結就不要，沒事的。

但請你在做靜心時，先跳過這群很吵的家人吧！真的，光聽故事都很累。有時候覺得能像這樣一輩子用漫長歲月、全副精力去對付自家人的大人，很有福報啊！這樣的一輩子，居然沒人先老、先病、先死……這福報還算深吧！

跳過他們吧！

就像去到教堂，跳過那些人為的紛擾吧！跳過這個教徒和那個教徒的不和吧！跳過這個神父那個牧師的八卦吧……請走到最靠近天主阿爸，最能碰觸聖母阿媽的位置好嗎？那裡有最初始的愛。

沒時間去教堂去廟宇的紅龍啊！請坐下來，閉上眼睛就好，透過紅龍這個印記，說我愛你，說你願意連結家族裡原始而巨大的愛，連結那個鴻蒙初始，還沒有太多悲歡離合狗屁倒灶時的能量……一個沒有那麼多情緒的源頭！

很想解決痛苦，又不想繼續去做諮商輔導的孩子說，好吧！他願意試試這個奇怪的紅龍靜心。

有趣的事來囉！一個禮拜後，孩子來跟我說他最近去圖書館，意外翻到很多寫自己家族故事的書，或明明不是寫家族故事，但是內容就像他在經歷的家族分裂。他講得眉飛色舞，跟一個禮拜前那個憤怒到爆頭的男孩子根本不像同一個人。

我開他玩笑說：「照你這樣講，意思是要表達說，冥冥中有人送資料來給你嗎？會不會太神了？」沒想到他興奮地跳起來說：「真的！老師你怎麼知道，我真的是要說這個！」

我當然知道！走過的人都知道啊！

這是共時現象！

剛開始尋回印記的星子都會經歷這樣的 high，會持續一陣子，因為剛校準頻率，內在剛連上外在，或者白話點說，就是覺知範圍變寬了，以前理所當然的日子，現在能看出理所當然裡頭彷彿有巧妙安排，自然要尖叫了。

還好，尖叫一陣子就習慣了，哈哈！

「靠！太慘了吧！」他說書裡那些真實存在的人比他還慘。

「但他們有些人從這樣爛的家庭裡還是得到一些想法之類的……」他講不太出來那是啥，只接著說：「老師，我想開始來記錄我的家人。」

哇！是泰戈爾說的那個「我所受的苦，擔的責……將化成光，照亮未來路」的概念嗎？很酷吧！我說去吧！去寫吧！紅龍超會寫咧！資料一堆！

寫著寫著一段時間，他還是來跟我說他真的很難原諒，但好像開始看得見造成現在這個家庭的原因了，憤怒正在消融但真的很難消融，只在心底狠狠發願：「以後若有自己家庭，不要像這樣……」

我說，這句話要紅筆重點，說完之後要記得說「我愛你」。

「幹嘛說我愛你啦！吼！」他說這樣很奇怪。

當然要說我愛你，紅龍的通關密語就是「我愛你」，每一個

「你」，每一個過去生生世世的你，還有眼前你看到的不是你，包含家人或非家人，都是你，因為你是那個大資料庫，裡面有哪一個你是你不熟悉的呢？

對他們說我愛你，於是就認回你自己。

在我的解讀裡，紅龍是有著生生世世巨大資料庫的載體。因為訊息場龐大，於是抉擇成為一種練習。

對於還不知道如何運用這個龐大載體的紅龍，就像看著大水，但還不知道可以拿來發電，可以衝浪，可以浪裡白條自在泅泳的紅龍，會看起來像是處在很多岔路裡。

一直到紅龍看見每一個抉擇不是來提供為難，而是來協助校準自己道路時，紅龍看見倚天劍和屠龍刀的秘密，才開始使出自己獨門絕招，哈！

忘記自由的小祭司

白風──
千山萬水我輕拂

白風啊！
你的名字是祭司
當你記起你的言語如風
祭司的靈魂將住進身軀
倘若
你所說的言，如實
你所發的念，如實
將如風四散
將四散成風

第一眼看見這國一孩子，除了浮出「美麗」這個詞之外，還有一句話是：「哇！我帶的鉛筆盒超搭配她的。」

國一小女生是姐姐和媽媽陪著來的，她們說小女生是愛玩，玩手機，談愛情，功課滑到底，怎麼勸都不聽……家人覺得很難溝通。

我一看到這美麗的小女生，就想到埃及豔后。她頭髮瀏海剪得齊整，媽媽說是她自己剪的。我突然想到剛出門時因為想換而換的

埃及風鉛筆盒，忍不住想笑。很難不相信偶然都是必然的啊！小女孩的髮型和這個鉛筆盒真像。

因為是第一次碰面，我有點過分努力跟孩子搭話。她一直不理我，而我一直在自己意外帶了很像她的鉛筆盒這件事上自 high 中，說著說著，還說起有一本書很好看，叫作《巧合都是故意的》，很好看。

孩子沒反應！低著頭，手機一下一下滑，聳肩搖頭，偶爾整理整理自己瀏海。
媽媽和姐姐對我的鉛筆盒和書也沒太大興趣，比較想直接開始處理女孩的問題。

我喝了口茶，想著：好吧！繞啥彎啊！直接畫印記吧！
於是我停下暖場，直接開口問她：「要不要找印記？」
她沒有表情，但開口說了一字：「好！」

爽快！那來畫吧！

她是馬雅星子裡的白風印記，是那個最愛自由的風啊！一想到這個，我忍不住笑著跟媽媽說：「別管她，管不住。」媽笑了，說：「真的！真的！超難管。」

我跟孩子說：「如果有一句話能形容白風，那就是『不自由，乾脆去死一死』。」這下子，剛剛緊繃的小女孩笑出來了。

哈哈哈！其實不只是她，我每次講這一句也是想笑啊！但我真的

想說的是：「不會死的，不會死的！不要恐懼自由！」我們是不是常一邊希望孩子長成他自己的樣貌，一邊又怕孩子長成自己樣子後，離開我們的系統，不再受管？

原來，我們把「自由」錯解爲不再受管制。
原來，「不再受管制」又意味著未可知的危險。
原來，「危險」又表示離幸福很遠……好了，恐懼來了，看到了嗎？因爲「無法眼睜睜看著自己孩子不幸福」，於是要「喬」一下。

當老師的歲月中，看過太多被善意而扭曲「喬」大的孩子……即便外相很風光，內在歪歪曲曲的價值觀很嚇人。
問題是，長成自己的樣子代表危險嗎？

不過，這女孩的媽媽是很慧點可愛的，聽到這裡，她尋個空檔放手離開，說我和小埃及豔后可以單獨對談一下。

等媽媽離開後，依著我對風的理解，開始直入話頭。雖說風有春風、薰風、落山、龍捲……什麼風都好，直吹就好，彎角都抹去，如實就得簡單。

「你怎麼看白風？」我說：「白風在馬雅印記中是一個女祭司的代號耶！在馬雅曆法中，女祭司的話語是很有力量的呢！聽說如果女祭司說著自己眞心相信的話語，話語就能成眞喔！」

從不說話，到剛才笑出來，如今這句話說完，終於看到瀏海下的眼睛閃了一下。

說真的！我其實對她曾做下什麼驚天動地的事或製造多少麻煩，不太有興趣。我心裡比較專注的是：「女祭司啊！你心中相信著什麼呢？」

好！既然你是風，那就直接問吧！

我問：「女祭司啊！你心中相信什麼呢？」

夠直接吧？

她眼睛暗下來，搖頭……搖頭是沒答案的意思嗎？好喔！沒關係，沒答案就安靜繼續畫吧！畫完生命支持力印記，還有擴展力印記，還有潛藏力印記，還有指引力印記……慢慢畫，我等你。

等待，這其實也是我這十年陪孩子狂野寫作的經驗中養成的一種能力。「等待」的意思是：沒有就沒有，別催逼也甭鼓勵，有花開？就看蝶來。啊，人家的花不開咧？那就繼續看花啊！啊不然呢？總是有東西可以看的，急啥？

可是一直到她畫完印記都沒話可說，我心裡想說：「啊不然來牽著手說說祝福吧！」至於為什麼要牽著手說話？誰知道啊！白風說要如實念，如實言，如實行……不是嗎？

好！我們就試試如實說：「啊不然來牽著手說說祝福吧！」

不過，說著這種話的我，心裡想的是眼前酷酷的、才第一次見面的小女孩應該不會想要和我這怪怪老師牽手吧！

但……是……她……居然把手交給我耶！

好喔！我們就牽著手說話吧！

說話之前，我感覺一直不說話的她其實有點防衛。於是我就說：

「請你放下防衛⋯⋯」（風就是這樣直直吹的咩！）然後我開始說了⋯⋯

我也閉上眼睛，順著內在的句子開始說，說我看見的她。但說的不是眼前的她，我說著我對白風印記的解讀，我描述那個美麗而慧黠的女祭司。
我祝福女孩看見自己是多麼值得被珍重。
我祝福她知道自己的話語多麼具有力量。
我祝福她每一次的自由，都是從心底深處而來，不需透過和外界抗拒拉扯⋯⋯

說著說著，小女生紅了眼眶。
離譜的是，說著那麼開心祝福的我，也跟著人家紅眼眶是怎樣啦？

情緒能量的作用很有趣！那是人家吃米粉，你在旁邊也會喊燒，然後不知道是在喊哪一國的燒？我也說不來這能量的路徑！我只知道：很多時候我們升起的情緒不見得都是自己的。但那又如何？就接納它吧！

像眼前這位小白風。當我牽著她的手說話時，也一併感覺她聰明；感覺她好希望別再讓人擔心；感覺她都了然於心，但無法控制自心⋯⋯於是當大人無論用多溫和或多嚴厲的語氣勸她或罵她，都只是更加引動她內心深處那份因為無法控制自己而產生的沮喪。

當沮喪混合著自責時，說起話來，要不是振振有詞的憤怒，就是無言以對的冷漠了。好囉！這就造成了大家形容她的「很難溝通」。

我心底想跟孩子說「你辛苦了」，於是就跟她說：「你辛苦了。」
我想給她一個擁抱。我就真繞過桌子去給她一個擁抱……
然後，眼淚流下來了。

孩子的眼淚。當然，也有我的眼淚。我一邊流著眼淚，一邊跟自己說：「阿嬤，沒你的事啊，別跟著流！你只是因為碰觸到對方內心說不出的辛苦，那眼淚才會這麼難停。」（後來，我繼續研究自己的生命波符，想到上面這句「沒你的事啊！」，不禁大笑。哪裡沒我的事啊？原來我的生命流動裡，由身轉心的關鍵處正是白風圖騰，意思是我在看著她的辛苦時，也觸動著我曾經無法闖關成功的辛苦，心事誰人知啊！）

好！趁著眼淚帶來的柔軟，我說來把剛剛的祝福寫下來吧！
小女孩的姐姐在一旁說：「老師，她不會寫啦！」
我說：「試試看咩！她現在知道她是風，是祭司，總要練習取回自己的力量。」

我給她一個句子，跟她講了狂野寫作的方法，然後看她拿筆，直直直直直地寫出一大段來，姐姐在旁看著，一直說不敢相信。
我看她寫到一句「其實，我知道自己迷失了自己……」大笑，哈，會不會我們自己根本都知道啊！沒關係，知道了，就給自己一點時間吧！

我也跟她的家人說，給她一點時間吧！力量剛回到自己身上時，是需要一些時間去和力量磨合的，不要急。還會再來回起伏幾次呢！但請別管那個起伏，起伏都是故事。而故事啊！可多著咧！

校準本體比較重要。本體像樹根，穩了，故事就只是樹尾，就隨它做風颱去吧！暴風從來不可能吹終朝，驟雨也無法下整日夜，總會停的！

小女孩後來和我握手說再見，不是擁抱，是用力握手。這樣用力的握手，讓我感覺是大人跟大人的握手。

握手時，我跟她說什麼呢？我跟她說：「白風是行四處的。真要認出自己是風，怎會記不起來曾經拂過萬水千山的力道。要記得喔！不要再忘記你有一個生命版本叫作白風。」

小女孩說：「好！」

有一個很好玩又很有力量的簡易活動，請用白風印記如實言說的能量進行，因為你自己完成，你可以更坦白。

請給自己一個完全屬於自己的安靜而清醒的時光，把目前自己所有扮演的角色都各別寫在一張張小紙上面。比如母親、老闆、女兒、情人……照顧者、垃圾桶、控制者……或者寫不出來那個角色名稱，也可寫形容詞，比如煩惱者、喜悅者……只要你自己知道意思就好，把一張張紙寫好後，生起一盆火（請注意安全喔），專注的注視火光一會兒，然後一張張念出這些角色：例如「ＸＸ者，謝謝你，我愛你，我現在放下你。」接著放入火中，讓它化為光，一直到把所有目前你不必要或不想要的角色放下，然後別急著要再背上新的角色，繼續搬演故事，請安靜陪自己坐一會兒，感受自己，感受自己的新生，觀察下一個新生的自己渴望有什麼樣的新角色，感受裡頭的歡喜與平靜，然後選擇或不選擇這個新角色。

請記得，親愛的，你是自由的。

◈ 怕面試大哭的學霸

藍夜──
直覺力是夢想力

夜藍如水
星子在天際子宮裡被孕育著
有夢的星子都得著戰士的魂魄相挺
關於夢想
請為自己堅持
請別為別人忍耐
親愛的，沒有別人，從來只有自己

在馬雅曆法的說法中，每一天都會有一個專屬的印記能量，有時候我也會用當日的印記來校準當天。有一次輔導高三學生時，我就運用了流日印記能量。

那天午休，一個女孩被她的好朋友帶來找我，說是早上已經崩潰，大哭三次。我看著她紅紅的眼眶，聽她說起光想到要走進去大學甄試的面試教室就很難過，更別說要開口自我介紹，她說：「非常不自在，非常害怕。」

我看著她，一點都沒有煩惱的感覺，只感到有趣，於是我直說：
「我感覺這問題很有趣，因為你是來找我討論面試，但又不是來問如何面試，而是說無法走進去面試！」
有意思，我們來看看發生了啥吧？

我們在辦公室外面的走廊椅子上坐下來。我順便在腦海裡掃瞄一下這個擔任社團主幹部、辦過大活動、敢於表達自己意見的女孩……然後我說：「嘿！你別覺得我奇怪，但我想大笑耶！印象中你不是不能面對群眾說話的人啊？怎麼了？」

不知道，我不知道，女孩說。
她說這一次很奇怪，光想到要進去一個面試教室，看到那些教授的臉，整個喉嚨鎖起來，痛苦。
是啊？是這樣啊？這麼嚴重啊？
她點點頭。

說著這麼嚴重的我，其實並沒有感覺嚴重，心裡還是那個有趣的覺受，因為她不是沒有面試的膽子，也不是沒有風光紀錄可show……而是……被鎖喉了！
卡在哪兒呢？我想著。

這樣想的時候，腦中想起早上出門看到今日的的印記是藍夜能量。藍夜是我自己的印記，我很熟悉它的流動！
好吧！我想著，短短二十分鐘，得光速進入主題！別慢慢畫了，就直接以今日印記能量解吧！

心底跑過幾個句子：

1. 藍夜是什麼？藍夜守護所有星子的夢想。
2. 和藍夜相互挑戰、創作擴展的圖騰是什麼？是紅天行者。
3. 紅天行者是什麼？紅天行者是穿越高手，專門破格。

所以，是有夢想的，只是前往夢想的路上卡住了呢！

「只是卡住了！」我說：「你是不怯場的，你也準備好了，但卡住了……」說到這裡，我又想大笑，我說：「嘿！別覺得我無聊，但我想用一個東西做比喻，可以嗎？」
「好！」
「便秘？是便秘的感覺嗎？」我說。自己講，自己笑翻。
女孩認真的看著我，點頭，說：「沒錯！是便秘。」
好喔！原來是這樣的卡啊！

我們大笑夠了之後，約好先忘記便秘，我請她打開五感，描摹一下她心目中認為的，一個進入面談教室的狀態是什麼？

「冷氣的味道……」她說：「空間很悶，教授的臉沒有表情……」
我很想跟她說：不會啦！現在教授都受過提點，走和藹風，不會衰到去遇見撲克臉……或是遇到也沒關係啊！可以把他們當成西瓜、芭樂，或是把自己當作 TOP 業務，用坊間流傳的面試銷售五大撇步……

但，下一秒的直覺是：「跟教授沒關係。」
和空間有關……
很好，紅天行者最擅長的就是打破界線與穿越時空！今日挑戰剛

好是紅天行者，那就來試著往前看看，何時也曾有過這樣的感受呢？那些有關……冷氣的……悶悶的……表情的……

沒有太多引導，她自己很快就想起，都是轉到新環境的記憶。原來這個看來非常外向、從不認生的孩子，從小學到中學，進安親班也好，換社團也好，甚至高三臨時轉組……她說也不知道怎麼回事，她就是常會進入一個大家都已經混得很熟的團隊。

「說說進入一個新環境的狀態吧。」我問。
「尷尬……」她說，然後回憶起那些新教室裡頭沒有太多表情的臉孔──她自己也常常在進入新班級時，過上好一陣子沒表情的歲月。

我說，你孤軍前往夢想這麼多次，先給自己一個讚吧！不簡單耶！毅然決然耶……老師給你鼓鼓掌。

「表面，」她幽幽說：「老師，那是表面，其實我很怕。」
我懂啊！誰不怕呢？
只是為了一個渴望，選擇演出堅強。
所以……怎麼辦呢？

我們先來謝謝那個堅強，好嗎？然後把堅強放下來，好嗎？
我們可以堅強，也可以不堅強！我們超自由……
這樣說著時，孩子的眼淚流下來了。很好！流動是穿越的開始。

我帶她做了簡單的靜心，帶著自己一直描摹的夢想藍圖，在腦海中把往上往下的空間擴開，回到過去那些陌生的空間，去看見當

時的自己：

聞聞那個冷氣的味道……感覺一下悶悶的空氣……看著那些沒表情的臉孔……

當時是如何穿越的？是靠著自己的能力嗎？還是得過誰的幫助？

那是誰呢？是誰呢？

誰……她找到了兩個人：

一個是吱吱喳喳讓她打破沉默的同學；

一個是坐她旁邊、表現得很自在的同學。

她說這兩個人讓她很快解除新環境的尷尬。

好喔！那就帶著他們的力量去面試如何？

她說好。

接下來，來說謝謝！

謝謝從小在自己夢想路上的堅強身影！

謝謝選擇離開舊環境時的決然！

欣賞她，我說，來！我們來欣賞那個自己……

靜心結束，孩子的淚流了滿面，嘴角卻是微笑。

「這樣有解決便秘了嗎？」我說，然後兩個人都大笑。

也剛好 20 分鐘的午休結束，好了！去上課吧！

幾日後，我看到一個蹦蹦跳跳來跟我說面試結果的女孩。

被錄取了嗎？孩子！

是耶！太好了！換老師我蹦蹦跳跳吧！

這是一次完全來不及幫孩子畫生命印記，直接從流日印記入手的例子。

還是很光速。

藍夜的夢都是奇妙的直覺力。

有一次我夢到一個不會煮飯的女廚師跟我說要幫我，旁邊有一個會煮飯的男廚師說他也可以幫。我說我比較想吃東西，心裡希望男廚師走近我。但是女廚師沒讓他有機會接手，一直把我全身扭來轉去，我沒有痛覺，但知道自己整個人活生生被扭成麻花狀態。

夢醒後第一個想法是，為何不給我飯吃啊？幹嘛扭扭我？

這個夢之後，我意外接觸到馬雅太陽曆法。和之前學的月亮曆法不同，它著重靜心和圖騰的連結，文字定義很少，故事一堆。

一開始就像夢裡一直希望吃到飯的我，內心一直碎碎念：「講得這麼虛幻，趕快帶我怎麼算啊！」

但是整個學習下來，卻發現實質的運算消失時，內在的視野重新調整後，居然更寬廣。

當我回頭看到當年日記裡記下的這個廚師夢時，覺得有趣。

◇ 接納家庭離散的男孩

黃種子——
本就一切都俱足

種子説
誰認出我，我就為誰成長
自作自受是天地間最美的自然法則
是如此尊重的尊重每一個放入心田的
念頭啊！
種子説
當你認出我
我必為你開花結果

「最好4（是）有這麼厲害。」

那是個有種子印記的孩子，說話很衝，做事很衝，一整個衝衝衝……在教室開罵也不怕人看的那一款學生，悶著，埋著一股氣。我實在不捨那麼年輕的孩子每天火燒功德林，想陪他釐清他身上的江湖氣，於是主動為他解讀印記。

「最好4（是）有這麼厲害。」他瞄了一眼，不太以為然。

對於種子一直否認自己會開花結果這件事，是司空見慣的。

跟種子說：「你很美。」種子會說：「我很黑。」

跟種子說：「你很聰明。」種子會說：「我很懶惰。」

我沒繼續探問，因為據說不管知不知道意思，只要尋回印記，頭腦不懂沒關係，心自己會調頻到了然。說是自動校準，從 12：60 會轉至 13：20……哈哈！我真愛這個說法，意思是，不必解讀，圖騰會和靈魂自動連結，這是多妙的說法啊！

好的！心如工畫師，能畫諸世間，我既信他真，那就試試看，不必探問！

有趣的是，這顆不以為然的種子還真的開始尋機就來找我聊天，亂聊，大部分是吐槽我「最好 4 有這麼厲害」。

有一次他說著一些好笑的事，說著說著卻突兀地冒出：「老師，我講一個我爸媽的故事給你聽。」

那像是本來亂七八糟轉動的齒輪中，我聽到「轟隆」一聲，卡榫到位的感覺，好！來聽！

他說起有一次媽媽車子水箱壞了，停在半路，他陪爸爸用塑膠袋裝水，騎著破破摩托車，送水去給媽媽。

他說，天氣很熱，柏油路都在冒煙，那陣子是爸媽討論離婚最頻繁的日子。

他說，那一天，他突然清楚知道爸媽一定會離婚。

怎麼知道？

他沒回答，只描述爸爸是如何抱著重重的一包水，從摩托車走到引擎蓋前，正要打開塑膠袋時，「啪！」袋子破了，水爆了，流了一地……說到這裡，平常很堅毅的他，眼淚流了一臉。
「不知道爲什麼，我就是知道結束了。」他說。

我靜靜地聽著，不想給衛生紙，也沒安慰的句子，直截想問：「塑膠袋破掉時，你的感受是什麼？」
他說不知道。
我們就讓眼淚流了一下，我也感覺那天很熱柏油路上的沉重，但也暫時無事可做。於是就先上課去吧！我們有機會再看看那個塑膠袋破掉時，感受是什麼。

回去後，很快，他就寫了一大段文字來。
「老師，我今天跟你說的那個水的事情，與其說是知道他們要離婚，不如說是看到愛情消逝的瞬間。」他寫著。
「後來爸載我回家，我媽自己走路，我看著我媽自己走在傍晚街燈已經亮起來的路上時，我在我爸摩托車的後座，眼淚一直掉。」

他說：「我很高興後來的我沒有長壞，一部分是因爲他們對我們算是很好，所以我會覺得他們其實是相愛的，畢竟是他們一起弄出來的孩子嘛！雖然有些時候會因爲他們的衝突被波及，但我好像知道了，他們本質上都是好人，只是……就是……不對盤而已。你問我塑膠袋水破掉時，我的感受是什麼，這就是我的感受。」

我看著這個種子孩子第一次這麼細膩的描述著自己的感受，和他之前衝得跟魯智深一樣的畫面相比，忍不住大笑，太好了！回到位置了！

尤其「畢竟是他們一起弄出來的孩子嘛！」那一句，真是經典！

過了不久，種子孩子又傳來更深刻的看見：

「原先看待爸媽，是怨恨、是冷漠、是視若無睹。這陣子好像看懂了，仔細想來，裡面還是多少有掙扎、屈辱、苦痛，但我好像開始能放下憤怒，開始感恩。我以前一直覺得他們並不是做得很好的父母，並不全然指經濟方面，而是我不喜歡他們用自私的愛來彼此傷害，又讓我們在其間被撕裂……但現在想來，那也就是愛的其中一個樣子啊！而他們也不過像其他父母一樣，已經盡力給出自己最好的……即使那可能只是半個罐頭，即使那只是錢包裡最後的 50 塊……」

「他們盡力了。」說著這樣句子的他，終於有從土裡冒出來，吸到空氣了。

歸位的種子啊！開始往內辨識自己，開始少在教室裡衝撞了。

我請他接下來試試能否認出自己從小到大的夢想，記得不能帶批評，只是一顆一顆認出曾埋在心底的種子，「跟它說 hi 就好！別多嘴。」我提醒他。

他還真記起一個想在圖書館裡工作的夢想。

他記起：對於他這樣經濟不富裕的孩子，兒時社區圖書館提供他認識世界的養分是多麼驚人。

他記起：沒有錢參加補習的他其實是讀書種子耶。他說自己還滿

會讀書的。

他很興奮的跟我說，他也許可以去台大，因為台大圖書館超美，他開始從川端康成到黃春明，張愛玲到愛因斯坦，從切·格瓦拉在《革命前夕的摩托車日記》裡寫的海，到希達塔《流浪者之歌》中的大河……這孩子想盡辦法找讀書考試的空檔，鯨吞蠶食。

每天他都像發現新大陸的孩子，在我去上課時，從座位上跳出來說：「如玲，你知道嗎，我昨天看到一句話……」「你要不要我拿這本書借你……」

種子們不是喜歡牛頭不對馬嘴，種子們是還沒認出自己，更因為光從一顆黑不溜丟的東西要看出繁華未來，實在難生信心。因為種子很小啊！

但回到自己位置，認出自己一切俱足的種子忙的咧！忙得很樂！等著開花！

黃種子對我來說，根本就是洪荒未啓，是混沌未破，是一切可能之前的原始點，甚至連原始點都不是，是空無……剛開始解讀種子印記，很迷戀這個印記的單純與生命力。

對於無論多麼不起眼的種子都蘊涵飽滿能量這件事，我有著無可救藥的興奮，然後還要耐著性子，因為當你跟種子印記的人說這個興奮時，還不知道自己一切俱足的人還要說「最好 4（是）有那麼厲害」。

認不出的，說它虛無縹緲；認出的，已經在微笑等待，只待它發

芽、它伸展、等著它茁壯。

「4（是）不4（是）很厲害？」我跟這顆火爆小種子說。

哈哈！我才不要告訴看這本書的你，最後這顆種子有沒有去念台大。對於種瓜一定要得瓜，不得瓜就否認種瓜的邏輯，我完全不想再推波助瀾。

看過太多種瓜得黃金的，或種瓜得大便的……我只告訴你，當種瓜的孩子越來越活蹦亂跳時，種出來的都是生機，生機才得盎然，盎然才成世界。

出版這本書的 2018，上半年是黃種子年，正好藉種子圖騰來允許一切渴望被認出、被播種的夢想，來檢視一下過去這半年，自己的生命版圖裡萌發了什麼新的風景。而 2018 下半年轉入紅月年，紅月圖騰帶給內在外在一個療癒與淨化的機緣，是練習接納流動，臣服流動，就無礙流動的好機緣。來讓自己、自己愛的人，以及愛自己的人都幸福吧。

化苦難為光的少年

紅蛇——
舊皮褪去要飛天

紅蛇啊！
一觸即發的爆炸力真是驚人啊！
但是啊！飄風再烈，也吹不了終朝
但是啊！驟雨再狂，也落不完整天
平安終究是福，順流才能引富
該捨，當捨，快捨，
蛻皮的蛇是飛龍在天的蛇

一個來找我修改學測備審資料的自然組學生，就是紅蛇孩子。

他不是我的導師班，平時就是課堂上師生的緣分，我知道他上課認眞，也知道他不太愛作文，我們認識但不熟。

導師要他來找我，是因爲他準備推甄備審資料花了不少時間，卻把自己精彩（波瀾起伏）的勵志人生寫得蒼白無感，導師要他請我幫忙，把自傳改得動人些。

「我不會幫你修改⋯⋯」

這樣說時，孩子緊張了，以爲我拒絕幫他忙。

我又解釋：「我會陪你找出屬於你自己的修改捷徑。」

孩子鬆了一口氣。

是啊！自己的備審資料怎麼給人修改呢？那是你的人生啊！我怎麼改都是我的人生氣息，要是我幫 100 個學生改，大學端不就要收到 100 個像罐頭一樣的我？天哪！罐頭罐頭罐罐頭⋯⋯光想都可怕。

但後天要送審，平日也沒交情，時間這麼趕，還誇下海口說不會幫你改，而是要陪你找到改的「捷徑」，是「捷徑」喔！不是「路徑」喔！「捷徑」是什麼？是要快！

我說：「我來幫你畫一下印記吧！直接用你原本的力量校準文字一下。」

他一臉茫然說：「要畫圖嗎？」

沒錯，這麼趕的時間，又不只是挑錯字，當然要光速處理，我的光速處理機就是星子印記，來吧！

結果一看，太好了，是紅蛇，根本是地表最光速的蛻皮靈魂吧！

要跟紅蛇說印記，定要精準。抓蛇在七吋，快與準是關鍵。

只要願意，蛻皮之快，百試不爽。意思是說，和紅蛇印記孩子談問題時，用光速吧！不需繞彎，他皮一蛻就飛到不見蹤影了。

至於怎麼願意蛻皮呢？講關鍵。

我們大約只談了 15 分鐘，晚上我就看到他傳來一篇完全不一樣的

備審資料，我摘錄自傳裡家庭背景那一段，來看那個變化：

＊Before
家庭背景
父親在我小一時因病離世，但這並未使我停滯不前，反而是讓我成長的動力。
母親一人撫養我及兄長，也因此我努力爭取獎助學金減輕家庭負擔。在我學習過程中，母親不但不侷限我的興趣，更是支持我的任何決定。

＊After
家庭背景
———穿梭在荊棘道路，我是持續蛻皮的蛇———
我有著很不一樣的成長歷程。父親在我小時候癌症離世，這是我意識的開始：那晚，跪在地上的我看見母親強忍的淚水，大人們緊緊抱住我的不忍，我知道父親最無法釋懷的是我與兄長，於是我懂得微笑的力量，一個微笑將是母親心中的支柱，更是我堅強走下去的動力。
準備會考的同時，家人發生車禍，那是驅使我獨立的開端：那年12月，噩耗從電話那頭的兄長傳達，一場車禍的噩夢使我害怕、著急卻只能等待，不由自主顫抖的身體，陷入黑暗，直到看見家人那剎那，深入眼裡的竟是因受傷而神情痛苦的母親，彷彿有一根又粗又長的針插入心底，這並非將我擊垮，而是將這股悲傷當作是老天給我的考驗。兼顧學業與家庭的我，不願抱怨，只希望可以帶領家庭走過這段艱辛的路程。

文字是長了些，但不再像問答題，比較像是自傳了。

紅蛇和藍風暴圖騰都是轉變的力量：風暴向上，蛇行地面。紅蛇是 XY 軸的蛻皮練習，走慢；風暴是 Z 軸的放下練習，走快。無論快與慢，都是捨功。

風暴力大，常常迅雷不及掩耳，轉瞬上轉瞬下，放不放得掉，立判結局。
蛇走地面，因為慢，所以刮咧咧溫暖摩挲與痛楚刺穿，要花時間去感受。

不如把蛇想成情緒吧！
那是突然一下攫住人的力量，流沙一樣，叫人一步不能動彈的力道。
那個「攫」有的來自恐懼，有的來自憤怒、金錢、愛情或親情……攫住之後開始慢慢往下拖，表面上情緒在流動，內在是精力正流失。

怎麼脫身啊？如蛇蛻皮，慢慢。
這皮是洋蔥，得一層一層蛻：
蛻一層叫「憤怒」的皮，才認出底下「恐懼」的心。
蛻一層「外在企圖」的皮，才露出「內在困乏」的裡。
蛻一層名叫「愛」的皮，才看懂裡頭都是「礙」與「控制」的戲碼。

所以我常跟蛇印記的孩子說的是：「讓我們尊重所有過去的自己創造出的自己。」

找出你原本積累的力量。那些體驗啊，是關鍵，是身體用多少實

實在在地穿越去換來的，快讚美自己吧！

蛇很慢……但蛇走精準。
關鍵到位時……突然一下！蛇超快。

下面是一位紅蛇孩子跟我分享尋回圖騰後的感受。

紅蛇　乙璿

老師說我是紅銀河之蛇，聽到的當下覺得：「天哪，我很不喜歡蛇耶，怎麼這樣？」
但老師解釋了蛇華麗的鱗片、在爬行中敏銳的警覺，還有捉摸不定的神秘行為等等，冥冥之中又與我有點相似。而後老師說蛇也會逐漸蛻變成展翅的老鷹——竟是蛇的天敵，兩個完全顛倒的角色怎麼會這樣發展？
我認為在不斷的向前成長中受到周遭的環境影響，有一天視野會越來越高，並不是蛇在地上就不好，而是維度不同了！其實仔細觀察會發現，蛇跟老鷹都給人孤冷獨立的特質，還有銳利的氣場，所以這兩者並不是毫無關聯的。
關於圖騰的解讀，我覺得會隨時間不同而改變，當時是高二給老師畫的時候聽到蛇跟老鷹還覺得很矛盾，但現在高三想法完全不一樣，是一種融合的感覺，很多事都不是絕對的，就像蛇跟鷹在對方身上都能找到與自己相仿的地方。

進入月亮的少女

橋啊！
當你認出你是橋，請同時接納內在的鷹，
雖然一個在天一個在地
橋啊！請你先就接納孤獨二字
如鷹要理解「結伴同行」從來不在
孤獨不是身旁無人
是即使身旁人眾，心底一處無人可解時，
眾人是無人
橋啊！別罣心孤獨
當你接納孤獨，享受孤獨
你就接納了自己的天命

白橋——
連結彼岸成此岸

那是一個笑得很靦腆的美麗白橋，雖是我的國文小老師，但聊得
很少。
一直到幫她講解作文時，我實在太好奇這個明明是寫手的學生，
怎麼文字寫得縮手縮腳，裡頭有股悶悶的、展不開的氣息漫著整
張紙，這是為什麼呢？
繞來繞去問，也問不出所以然。

那是個還在自己玩印記，還沒勇氣也不習慣直接幫孩子畫印記的

年代。我用以前的方法，花很多時間從文字裡頭抽絲剝繭，想抓出可以幫孩子突破創作盲點的關鍵處。

我們就這樣繞來繞去談了好幾回合，沒結果。

有一次上課，她聽我說到文華有一屆孩子引導我去思考平行宇宙的過程，不久，她寫出一大篇文字來給我，她說：老師，我好像知道你在說什麼。

我看到上面爆開來的文字量，哇！悶悶不見了，展開來的風景，一大片。

我看著她寫到國中時問老師「宇宙外面是什麼」時，幾乎能看見一雙老鷹的眼，想看更遠更遠的眼，亮著。在老師回答她不知道宇宙外面是什麼的時候，這個橋孩子居然不因為沒答案而不開心，她興奮極了。

她說：「太好了，沒有人知道，沒有人證實，一切都是未知的」

她說：「帶著我的靈魂到未知世界吧！」

我看她描繪宇宙外的空間，描述自己的靈魂到了那未知的世界。她說自己看到一個時代交錯結合的世界，有著各朝的風采、各代的人物，而且（很奇妙地）沒有戰爭。「我猜，那裡就是西方極樂世界。」

她還說起她的月亮。她說她孤單時、沮喪時，任何時刻只要她想，她就可以進到月亮裡面。她說那是她的秘密基地，不論真假都會一直這麼存在下去，而黑洞是通往那裡的捷徑。她寫道：

如果你害怕一去不復返的冒險，那就把你的靈魂帶過來，我帶

你去，去那個只屬於我的自由天地。啊，對了，再介紹你一些我的好朋友們！別怕！別緊張！記得呼吸就好！這就是我最大的秘密喔！噓！目前就只有我和你知道這個秘密而已！

我看著這個分享她目前最大秘密的學生，她看著我這個讀著文字連連驚呼的老師。我說：「謝謝你，你的分享很溫暖。」她的眼淚流下來。為著什麼？當時並不知道。

後來發現她是白橋時，再回頭看她文字裡一直出現那些關於「連結」、「孤單」的字眼，我大笑。

白橋印記對應的隱藏圖騰是藍鷹。承載眾人的足跡的橋，和翱翔於天空的鷹是一體兩面，隱顯互現。只是鷹的孤獨是振衣千仞，橋的孤獨是松間明月。

孤獨和孤單不一樣，看見白橋印記時，我總是忍不住要這樣跟橋這樣說，接收那個很深的孤獨，那個即便身處繁華、仍要湧上的孤獨，和老鷹很像的孤獨。但是這孤獨，是孤而不單的獨，不單是因為自己和自己就是成雙，夥伴就在心底，雖身旁無人，但認出自己是鷹是橋時，豐盛會在心壑回響，享受豐盛孤獨之旅啟動！

我看到的橋，當願意付出、願意承擔的橋接納自己能「連結」此端與彼端的能量時，老鷹的路途就要開始了。

看到她寫著連結李白的過程：她說她覺得李白和月亮有老友般的默契，能互相理解、談話；她說自己怎麼想著要與李白對談，也

相信自己能像李白一樣和月亮對談……一切也就很容易明瞭了。

畢業後一次聚會裡，我幫她完整畫一次印記，讀到白橋印記有連結兩個世界的生死之力時，看著圖騰的她已經驚呼連連。「天啊馬雅！你是怎麼知道的！」

白橋女孩後來去念了歷史系，她說：

不管是什麼帶領我到歷史系，我都感到無比慶幸。很喜歡「生死之力」這個詞，其最近讀《莊子》（我覺得《莊子》是很適合歷史觀的入門書），覺得生死其實並沒有什麼界限。如果說歷史是死（逝去）的話，又為什麼不能是生（存續）呢？

我很高興見到一個白橋女孩從孤獨走向豐盛的過程。看著說孤單的白橋走到無邊無際的歷史裡頭安身，與無始無終的宇宙連結，說真的，好開心。

你感受到老鷹睜開眼的感覺嗎？

「啊啊啊一整個想碎念，老師啊！你有沒有一個階段，覺得外面都很噁心、不舒服。討厭汙濁的、口一直對不到心的人……」以上是一個畢業很久的白橋印記的學生的問句。

這是一個一直有著強大白橋力量的男孩子，願意承擔，願意成為別人的墊腳石，願意連結，願意願意願意到幾乎沒了自己。就像地上的橋，忍辱負重，又不吭一聲。

但是他開始抱怨了。

「這樣抱怨好嗎?」他說。

抱怨就是一個狀態,無需批評它。

我們只要說:啊!我在抱怨了,就好囉!重點是,這樣子和以往不一樣的聲音是用哪一個能量體在發話呢?
我請他去看見潛藏在他命運圖騰下方的老鷹印記。是老鷹看見了自己,但是老鷹還沒飛高,看得還不夠遠,於是先出現的看起來就像是抱怨。

橋啊!我試著請他感受,本來就是承擔大力的橋啊!本就是連結力大的橋啊!重點不是抱怨,重點是看見為何要承擔、要連結。

啟動老鷹的眼吧!會看見的。

妙手生世界的老師

藍手啊！
抓取與捨棄都是你
控制與守護都是你
看著你自己
看著，看著，愛著，愛著
直到認出此生所有的手
一萬也好，一千也好，
一百，一隻……都好
都是愛的管道

藍手——
無限可能我創造

我辦公室位置前方和左手邊的同事都是藍手。

我前面這位老師是位漂亮美眉，如果她靜靜坐在那裡，長髮低
垂，你會以為她是個嬌嬌女，但是，我看過她在我前面，在一堆
參考書、考卷以及改不完的作文前，完全無障礙地（像在自家廚
房一樣）做著五星級廚師的動作。

比如：青椒紅椒黃椒切碎，蒜頭機已備妥，拿出，迅速碎成，拌

入，然後不知哪來的匈牙利紅椒粉刷刷雪花紛飛樣撒下。你以爲就這樣而已，她已經把昨日在家裡烤好的香煎雞腿肉，昨日已經用橄欖油和羅勒和不知哪來那麼多的詭異香料醃漬一晚，奇香撲鼻……聽她說這小事，她曾中午在辦公室煮一大鍋蒜頭雞湯，我在辦公室吃過她的西班牙海鮮燉飯後，再也沒懷疑過她可以在狹小的辦公室煮全牛大餐的可能。

然後，你以爲是午餐時間？不是喔！這只是下課十分鐘的陣仗，她吆喝大家吃完，等等鐘響，她拿著〈赤壁賦〉上場去了，學生愛死她，她的速度和未來孩子很合。

然後，你以爲她煮得蓬頭亂髮？不對喔！她上課前又不知從哪裡拿出捲髮器和夾睫毛工具，三兩下，一個辣妹老師現身了。

我常坐在她前面，看著她捲髮，畫眉，描眼線，調理食物，大聲說話大聲笑，很像看著魔法師在那裡玩，沒有任何妨礙的玩著。

這是藍手，手邊有啥創作啥的能量。她的潛藏能量圖騰其實正是巫師，我常說，當藍手認出自己無所不創造的能量，她就來到巫師世界啦！

這個感受，從座位左邊的宇宙藍手老師給我的體驗更深！

這是一個只要把花草送到她眼前，不管奄奄一息或蓬草漫漫，她就是能給出活路的那款藍手。

她的手和前面那位藍手老師不一樣。她不愛塗脂抹粉，但她種的

花草豔豔，生機蓬勃。

第一次發現她的藍手能量十分飽滿，是在她和我分享她看不下去班級前面的花台枯萎成那樣。

她說得很氣，真的是痛心疾首的氣，氣得罵著：「一杯水也不給它們喝，讀書是在讀哪一國。」好像那些花草的苦她都知道一樣，忿忿不忍。

藍手是未現身的巫師，感天地萬物氣息是早晚。
因為有感，才會真的不捨！因為不捨，又很難說出所以然，於是好氣。實作的藍手，她的手就是她的宇宙接收天線，當她感知明明能出手相助卻不出手的事情時，當然很氣。

坐她旁邊這些年，從聽不懂她的氣，到看懂她的氣，到開始跟著她學習藍手無中生有的創造力，受惠甚多，很感恩。

在教科書出版社還沒有提供教師備課資料的年代，這個宇宙藍手老師早就是我們辦公室的整理達人，教會我們整理亂七八糟的上課資料，分門別類，還要資料立正站好，別佔空間，說著「留點空間，日後其他資料來，才有位置調整」的她，其實就是常說「替別人想啦！」的她，同一個她。

我不只和她學會整理文件，還學會整理家裡大大小小櫃子。
那些客人來時死都不打開的櫃子，在她的指導下，每個都像士兵乖乖站好，有時候亂了，也因為有門有類有分別，有空時稍微擺擺，也就又乖乖了。

這位藍手老師在學了星子印記之後，那雙手開始畫起印記了，我看過她幫學生做輔導，信手拈來的創意，像從無盡時空抓出的靈感，用不完啊！

藍手印記對我來說，根本是米開朗基羅那幅〈創世紀〉的原型。

那手是憑空而來的。是靈感開啓，是電流竄入，是繆思紛飛……所有你覺得不可能的！他會微笑看著你，說：「看著我的手，看……」

然後，你會看到天地間所有讓你驚喜的手：廚師之手，作家之手，清理之于，花藝之手，療癒之手……那手撒著精靈的魔法金粉，輕拂過處，百花忽地盛開，天使在唱歌。

坐在藍手老師眼前的孩子破涕而笑時，那畫面和〈創世紀〉的圖實在很像，都好美。

我不是在寫作文，我說的是我經歷過的藍手。

我很幸福。寫藍手印記這篇時，我感覺到我的幸福。我突然知道爲何在學校我常感覺自在了，因爲本來就喜歡創作的我，根本就是被創作與療癒的能量擁抱啊！不幸福太難。

那雙種花種草的手已經開始往療癒之手長去囉！
曾經好氣好氣的氣冉冉散去，笑容來了，好多好多大笑。
大聲說大聲笑的藍手。
能創造能療癒的藍手。

《大悲心陀羅尼經》中記載千手千眼觀音接受世尊囑託的過程：

世尊！我念過去無量億劫，有佛出世，名曰「千光王靜住如來」。彼佛世尊憐念我故，及為一切諸眾生故，說此「廣大圓滿無礙大悲心陀羅尼」。以金色手摩我頂上作如是言：「善男子！汝當持此心咒，普為未來惡世一切眾生，作大利樂。」

接下來是發願的內容：

我於是時，始住初地，一聞此咒故，超第八地。我時心歡喜故，即發誓言：「若我當來，堪能利益、安樂一切眾生者，令我即時，身生千手、千眼具足。」發是願已，應時身上，千手千眼，悉皆具足。

不知為何，藍手老是讓我連結到千手千眼觀音的圖像：畫畫的手，洗碗的手，插花的手，寫作的手，按摩的手，持法器的手……無論哪種手，都是傳遞溫暖療癒的手。

◈ 終於亮起來的老師

黃星星——
先讓自己亮起來

黃星星啊！
真的，不用再多一點什麼了
就做你自己就好喔
你站好，天地都站好
你笑了，星子都笑了
笑聲是銀河裡迴盪的鈴鐺
好美啊！
親愛的，你聽到了嗎？

有位黃星星老師一直苦惱孩子和她不對盤。

這是一位長得高高的、清秀的女老師。但她的穿著總是樸素如僧人，我總開玩笑跟她說：「我要是有你的腿，我一定穿短裙，不要隱藏你的漂亮啦！」

她要我給她一些和孩子相處的建議。
我給黃星星的建議一向超簡單：「就亮起來吧！」

「怎麼亮起來？」長長腿老師說。

是啊！不愛打扮的她怎麼亮起來呢？

好！那我們來換別的地方亮起來……

「來想想你在班上做什麼事會讓你感覺亮起來，呃……就是會讓心亮亮的，很像撒了金粉，很開心的那一種……」我一邊說，一邊祈禱老天爺讓我的用字不要太飄渺難懂。

長長腿的黃星星老師說她最想要請班上孩子吃東西，想到這個就很開心。但是以前試過，和她相處不太協調的孩子並不領情。

「那這一次我們來把它弄漂亮一些。」我說：「找一個教室的位置，不是像以前那樣放在講桌旁，而是用心布置一下，看看會有什麼不一樣，試試看，反正光是做這件事你就開心，他們領不領情是他們的事，你開心最重要。」

隔日，星星老師傳來訊息，說是她在教室後方的布告欄布置一個美美的食物區，下了課，之前關係緊繃的孩子也走來吃了。我聽了大笑，這感覺好像小時候我陪阿嬤在後院餵小雞小鵝小鴨的記憶呢！光是看著小雞小鵝小鴨們可愛的啄食著，我和阿嬤拿著飼料盆蹲著，光看就開心。

我請她傳美美的布置給我看，我好奇黃星星布置出來的美到底有多美？

照片傳來，我忍不住睜大眼睛——不會吧！黃星星老師的班級教室布置居然就是一大片的星空，這麼巧啊？

豐盛而漂亮的餅乾糖果盒就在布告欄正中央，是「居北辰而眾星

拱之」的畫面呢！我跟黃星星老師說你看到了嗎？你先亮起來，你先快樂，你先，先，先……就好。

一盒餅乾不可能把班級所有風暴都止息，但是就定位的星星老師開始有力氣面對班級了。之前身心俱疲的她差點要請長假，但最後她把那班滿天星子亂竄的孩子帶到畢業了，好開心還收到孩子手作的卡片。

她來謝謝我，爲的是畫印記時我跟她說的一段話：「除了放下再放下，除了臣服再臣服，還能做什麼讓自己往上呢？」

我當時跟她說的是關於不要抗拒回到自己位置這件事，只是忘了有沒有繼續鼓勵她長腿穿短裙這件事，哈哈哈！

她自己則用另一段話形容這一年的煎熬：

所有該發生的一切都是該發生的，
都是因緣。
順利的就感恩，
不順利的就懺悔，
然後放下。

我看著黃星星的體悟，心情也跟著亮亮的呢！
「先知」要來覺「後知」；「先覺」總能覺「後覺」。
星星依序亮起，放光自然互照，這是教室裡多眞實美好的畫面。

若問對我來說，20 個星子印記，老師們最該注意哪一個？答案絕

對是黃星星。

居北辰而眾星拱之。黃星星一如北辰，老師是教室裡的北辰。

不見得要眾星拱之，但得定位，孩子們才能陸續就位。

這是一生二，二生三，三生萬物的概念，老師們是那個一。

想像學期初，學生們還不知從哪個生命之河流到這個教室之前，誰在教室裡？是老師！A 老師帶那個班，B 老師帶這個班……每個教室裡的老師是定位系統。不同老師不同的系統，你若曾靜心感受整個校園，你會知道每個教室其實就是一個個星系，各自系統各運轉，合起來是一個宇宙，分開來各自精彩。

老師就像黃星星圖騰中間那個光形，即便旁邊四個小圈（未到位的學生或資源）還混沌未開，無論如何已經先放光。這是我常看到的老師原型：是即便罵死制度，即便不滿政策，但孩子已到眼前，但孩子已喊「老師」、「老師」……師者們！無論如何，啓動吧！

這也是爲什麼有那麼多老師的傳奇故事吧！

西藏逃亡故事中有一個傳說，說是有位老喇嘛被抓住，他看著才十三四歲、卻早已殺紅眼的紅衛兵孩子，問他：「可以等一下嗎？」就在大家還搞不清楚狀況時，騰空飛起……

跟學生說這故事時，我通常會在這裡停下來，問：「猜他騰空飛去做什麼？」

學生們很興奮，說他「騰雲駕霧逃走」，說他「變成超人痛宰紅衛兵」……答案很多，但傳說不是這樣。

傳說喇嘛落下來時，已經坐化。因為殺僧是萬劫難赦之刑，喇嘛寧可自盡，也不要這麼年輕的孩子莫明所以就犯了大惡。

我在這故事裡憶起生生世世裡和我們有緣的師長。
是怎樣的願力，讓師長無論如何都要把昏沉的我們喚醒？有時還冒著危險。

如果我們曾在課堂上睡得昏天暗地，或曾經冥頑難教導，我們應該思維一下，那些對我們諄諄教誨、屢次提點我們的老師，在我們略有成就之後，到底能得我們什麼好處？

沒有！

那老師在做什麼？

沒有做什麼，就是做自己該做的，如此而已。
一如北極星，就是定位，就是放光，就是閃亮，如此而已。
每個老師都該是每個教室裡第一個就定位的星子。
每個老師都當記得，即使黑夜沉沉，自己依然是放光的星子，不是為別人，是本來就是。

不要小覷自己，我喜歡這樣跟老師說。
每個能成為老師的人，不管是為了鐵飯碗，或是立願要為人師表……成為師者都不容易，那代表著曾有一個你，願意把自己打開成一個通道，願意讓知識流經你，傳到該去的地方。
而成為管道是一輩子的修行。管道是越來越開闊？或是越來越狹隘？或是早已經閉鎖，卻還以為暢通呢？

這就像是黃星星，不要管四周的星子們亮起來沒有，你是星子，
先讓自己亮起來吧！先讓自己暢通吧！先記得自己的美好吧！
先，先，先……先，不代表自私。

如果老師自己都不曾感受過狂喜，怎麼跟孩子形容天堂？

忘了自己也能放光的大人，老把希望寄託在孩子。每年放榜時，
漫天飛舞的紅布條滿足大人們的期待，卻不知「期待」其實是一
條一條的「臍帶」，看來輸送養分，還緊密連結，其實拴著彼
此，動彈是牽制。

莊子說，與其相濡以沫，不如兩相忘於江湖。「兩相忘」不是自
私，兩相忘是各自放光，各自流動，各自運轉，各自各自……因
爲各自，於是成江、成湖、成宇宙。

所以，閃爍吧！黃星星們！亮起來吧！老師們！
全力以赴不費力，機心用盡不費心。
爲自己亮起來，你亮了，世界就亮了。有比這更簡單好玩的嗎？

有一個在黃星星日很適合做的活動喔！可以感覺自己亮起來耶！

黃星星連結著優雅與美好，如果我們能邀請很多人一起，就一起做，如
果我們的力量剛剛好只夠邀請自己，那就自己來，都是很好的，剛好！
那像是燈光，有鎂光燈，有水晶燈，有小夜燈……但亮起來時，大小範
圍區分罷了，一樣照見當下。

對著鏡子，好好看著自己，讚美自己吧！（旁邊若有人一起，就幫他鼓

掌，讚嘆，一起支持。）

開口呼喚自己名字，講某某我愛你時，內心的波動是什麼？我們愛天愛地愛偶像愛父母愛子女愛情人或另一半，但……我跟自己說我愛我時，我的感受是什麼？
開始讚美時，是直視自己嗎？或迴避自己的眼神？
講 50 句後，是詞窮了，還是源源不絕如潮水呢？
可以十分鐘不停，從裡到外，從毛髮到細胞……都看見它們美嗎？

很無厘頭的活動！

但有什麼關係呢，像孩子般的無厘頭玩吧！會記起兒時那種毫無目的的好玩，就只是好玩，可以笑很久很大聲。

◇ 泡在低潮裡的孩子

紅月──
飽滿舒暢再流動

紅月啊！
我們不能給出我們身上沒有的
就像是你有水，你就能給他一杯水
就像你有火，就能借他點燃火一樣
當我們充滿愛，我們才能夠傳遞愛
當我們充滿恐懼，我們就只能傳遞恐懼
紅月是水的流動
必須在我們身上先存在
才有機會流動……
才有機會到別人那兒去

學測大考清晨，說是念不下任何一個字的紅月孩子在進考場前打電話來：「老師我只是想聽你說點話。」

我聽見這是焦慮在說話。
時間很趕，我沒問他要做什麼，我只是在電話這頭跟他說我看見的他，我說著那個很值得更愛自己的他，簡單的說。

他聽完，說謝謝，然後說可以去考試了。

去吧！

還在內在情緒裡湧動的紅月很容易煩心。

有一次另一個紅月孩子寫著「好煩，一個字都讀不下去……」給我，這看來像在求救的句子，其實不是求救，只是在描述一個狀態，就像農曆 15 日的海邊，我們說：「啊！漲潮了。」是啊！漲潮了，再 15 日後，初一就要退潮囉！是的！潮來潮往是週期。

月亮是有週期的，認出它的週期，會比較理解紅月，接納那些起與伏。紅月印記的能量是很有趣的，我總當它作一切流動前的提醒，提醒著：飽滿而後流動，無論如何，請先愛你自己。

紅月亮在馬雅星了裡就是這樣一股水的能量呢！這水啊，落在身體裡頭，實的是身體裡所有的體液血液，虛的是一切情緒的起伏，潮汐似的，上上下下，上上下下。所以，每次看到紅月印記的孩子，我都喜歡開玩笑說，來，喘口氣，喝杯茶再說啦！

若沒有茶水呢？
如果他是浮躁的，那就靜一下，讓晃動的水杯靜一下，放個音樂，或吹吹風。
如果他是沉悶的，那就動一下，讓停滯到快要生苔的水杯動一下，讓他說，讓他盡情的說……是一個不錯的方法。

紅月的水也不只在體內，當他理解水能載舟亦能覆舟是眞實語，他願意開始學習與自己體內的水（情緒）相處，這水啊！會開始流成五湖四海，我遇過許多很棒的紅月印記的療癒工作者，他們的水已

從內在情緒轉化成宇宙來的水，可淨化，可滋養，可療癒。

還在練習和自己相處的紅月孩子在無法完成既定目標時，很容易憤憤說著：「我好不負責任，讀好書不就是我現在當學生最應該負的責任嗎？應該珍惜，必須珍惜，可是我好不惜福……」紅月孩子說：「我總在愧疚中泡了一整天，還不知道隔天能不能清醒一點……」

看見那個「泡」嗎？紅月印記是真的很會泡喔！因為它就是水，泡在自己裡面是最省力的，哈！

怎麼辦呢？
別跟水談道理啊！每個道理都像一堵牆硬邦邦，擺著不能這樣不能那樣的告誡，大禹的爹就專做這個，防來堵去全無效。他兒子大禹比較聰明，疏來通去有活路。

當紅月澎湃無法自己，當紅月沉滯無法前行時，給水一個疏通，給他一個方向。真假無妨，先行再說！放心！水沖刷河岸的力量超大，讓他先行，做什麼都好，離開原點，動起來的水，一走動就會看見風景，兩岸不只猿聲，還有山有風有桃花，當他流動，他也滋養他所流動的所在，他會活起來的。

當紅月孩子來到眼前時，最方便的法門就是以愛支持，有多大的愛就給多大的愛，因為他不是來要答案的，他只是要流過你眼前，你不要驚慌他的洶湧或淤塞，只要用一個超大的愛去支持他，但記得不要想著他的回報，水向東流沒再回頭的，不是無情，是自然法則，順流是最輕而易舉的法則。

我為紅月孩子做的事就是愛他，然後協助他順流。

大考完後，我看見在清晨打電話的紅月孩子傳來一張照片，他說進考場前，他把剛剛對話裡的一句話寫下來：

你就已經在那裡了。

是啊！水本無處不自在，紅月，不要怕！記得愛自己就好。

我曾寫一段話給一個紅月孩子，談關於孤獨這件事：

人間孤獨，但其實不孤獨。
前行者雖颯颯如風，掉臂飛奔，但還是在很多時候轉身，出手扶持後來者。

重點是：這樣的扶持無關「幫助」二字，這樣的扶持只是提供剛好能提供的。那像是提供杯水……燈火……才與財……

沒刻意要給，只是剛好，就給出。
給完，也沒耗損，只是剛剛好，於是不增不減。

給完後，收！
收完後，繼續前行，各自！
一樣吃喝拉撒睡，一樣各走人間路。
看似孤獨，但曾有的扶持會來到記憶，人間孤獨開始不孤獨。

紅月說：與其枯竭的奉獻，來練習飽滿後給出吧！

先愛自己，先愛自己。

放棄單純的男孩

白狗——
無論如何愛單純

白狗啊！
請珍惜你的單純
即便單純曾讓你受傷，
都不要懷疑單純的力量
那等同宇宙的力量
單純沒有錯
記得對自己慈悲就好

「單純不是笨，單純是對天地人的信任。」畫完印記，我跟坐在
前面的白狗孩子說：「請珍惜單純，請保護它。」
在這樣說著時，幾乎是同時，我和孩子紅了眼眶。
又在眼眶紅起來那一剎那，幾乎是同時，我和孩子一起笑了。

這是什麼……這是什麼？
是在演「又哭又笑小狗撒尿」那個童謠嗎？
我跟孩子說，快！感覺一下，這眼淚來得那麼溫暖，好像不是悲

傷耶！

這是什麼？這是什麼？

孩子沒回答我，卻說：「老師，我想起小時候那個我……」

「怎樣的你？」

「那個在學校搶著要幫老師做事情的我；那個掃地區域比別人大，還是沒知沒覺繼續掃得很認真的我；那個堅持不作弊，結果考最差、被打最多下的我……」

「最笨的我。」孩子說。

喔喔！自責的聲音來了！

自責和自省是不同的。

自責是在二維模式（是與非，對與錯，好與壞……）或三維模式（二元對立之外，開始挑戰具象世界裡的難關，即便痛苦，也不相信往內心世界探索有解藥，欲望無窮，但資源有限）裡觀察著世界。

因為高度不夠，看不見全盤脈絡，這時的自責幾乎是自殘，說著：「你很好，都是我的錯。」

其實不只白狗印記的人，這幾年遇到好多看來活潑優秀的頂尖孩子，內心有各式各樣的自責系統，比如：太醜太美太高太矮太優秀太不優秀……太不單純和太單純。

眼前的白狗正為自己的單純自責。

幾次跟朋友演出「真心換絕情」的戲碼後，他決定學習「認真你就輸了」這樣的遊戲規則，他從國中開始要酷、抽菸、漫不

在乎、甚至比之前奚落他的人更兇狠的奚落那些班上單純的傢
伙⋯⋯然後越來越討厭自己，來到我的班上時，他是一個幾乎沒
有表情的人，開學做活動，我請同學幫全班拍照，要做有人像的
座位表，鏡頭走到他，他揮開：「幹！拍啥小啦！」

但我在他的文章裡瞥見另一個他，在「記一件兒時的回憶」這種
非常沒創意的題目裡，他描述了小時候陪媽媽去市場的記憶。說
每次看到市場失去雙腿的乞丐，都會趁媽媽沒注意，把手上的食
物快快又偷偷放到乞人碗裡，比如餅乾，比如棒棒糖，比如吃一
半的麻糬⋯⋯

這怎能不找他來問問？
那是一個和現在完全不一樣的、善良可愛的人哪！
怎能不跟他說：你厲害耶！你是怎麼把小時候那麼可愛的你搞丟
的啊？

這樣就打開話匣嗎？
沒有！沒開！而且很難聊！
我幾乎聽到他內心冒著一堆叫作「要你管」的泡泡。
但我知道那些泡泡跟我沒關係⋯⋯我說我們來畫印記吧！

我說白狗的愛跟宇宙的愛是一致的。
我說那個愛就像巨流河一樣給出，不求報的給出，可愛的給出，
給出給出⋯⋯

說到「給出」這個字眼時，他皺眉，爆出：「單純就是笨，笨
蛋！」然後就是我們兩個又哭又笑的對話開始了。

我突兀的跟他提起，也許巧合，認識幾個視病如親的醫師都有白狗印記。

他跟著接話，說其實他很想當醫師。

「曾經啦！」他說得很不好意思：「功課這麼爛。」

當他這樣說時，我注意到那個靦腆裡頭，小時候跟著媽媽去市場的小男孩回來了啊！溫暖了，花開了，開始念書了……至於當不當醫師？倒沒那麼重要。

其實我最喜歡跟可愛的白狗說的是「記得愛自己」。慈悲若是對眾生，那要記起自己也是眾生啊！

從來沒有給予，一直只是流動。

當我們想著要給誰給誰，我們會沒了自己。

當我們只是去流動流動，我們將給出很多。

所以，為何要責備「單純」呢？

我請白狗孩子把大人世界教導如何從「單純」變「複雜」的規則先放一邊去！

去吧！

複雜是不必學的！

他是太極生兩儀，兩儀化四象，四象成八卦，八八六十四卦往下就幻成大千世界一樣，複雜是必然，是水往下流，是火往燥燒，這是必然啊！反而是「單純」需練習，特別是經歷複雜的單純，那已經是生命裡的選擇功課了。

說著「複雜是不必學的！」我，心好靜。

聽著「單純需要練習的！」白狗孩子已經拿起筆來，看著印記，動筆記錄剛才的訊息了！那就像是接上電源開始供電了。這次供

給的對象是自己。

放下自責，開始進入自省。
自省是四維模式，在經歷二維與三維狀態後，沒被困在二維三維裡，不責己也不怪人，反倒生出同理心。
理解人，也理解非人。
覺察實像，也覺察抽象。

開始追尋生命更深層的意義，而且開始感受宇宙的白狗，會很有力量。

白狗在馬雅印記裡代表單純而無條件的愛，不論對自己或對別人。這總會讓我想起 1880 年 6 月 27 日出生的海倫·凱勒，她是光譜的白狗印記，一個以愛的力量釋放了所有黑暗侵蝕記憶的生命體。

她說：「我的任務是練習，練習，不斷地練習。失敗和疲勞常常將我絆倒，但一想到再堅持一會兒就能讓我所愛的人看到我的進步，我就有了勇氣。」

她說：「我用整個身心來感受世界萬物，一刻也閒不住。我的生命充滿了活力，就像那些朝生夕死的小昆蟲，把一生擠到一天之內，生命或是一種大膽的冒險，或是一無是處。」

這些話對我來說有奇妙的大力，練習再練習聽起來像是修行，單純的、堅持的、單調的、重複的……但是一練再練，感官開到最大，就感受到四周的愛。

白狗的單純與愛，常讓我覺得：人生除此，還要什麼呢？

全力戲耍的教室

藍猴子——
人間遊戲認真玩

猴子啊！
去玩吧！
這個藤蔓、那個藤蔓
都是盪向天涯的藤蔓
看似遊戲，實是看透
都要認真，不要當真
全是過程，終成圓滿
去玩吧！
汲取生生世世的記憶庫來支持這個玩吧！
放心湧出源源不絕的愛來支持這個玩吧！

知道釋迦牟尼佛在馬雅星子系統裡頭的印記是「磁性藍猴子」時，我真的大笑：原來看透世間幻相的，就是最會玩的！這太有趣了！心生一念，想去查一下釋迦牟尼佛的故事，瞄到佛陀的媽媽名喚「摩耶夫人」，我順便看了一下英文拼字——哈哈！居然是「MAYA」！

媽媽咪呀，我大叫，這太有趣了吧！

哈哈哈！藍猴印記總是帶給我一種驚喜。

認出自己有藍猴印記能量的人是玩家，在抽象與具象中間穿梭，有如叢林裡盪到天高的猴子。教室裡若有這樣的能量，就能經歷認真做事又不過分當真、享受過程又不拘執成果的開心。

知道我的印記能量裡有一隻電力藍猴時，也讓我笑出來。
「原來是這樣啊！」當老師的我一直有那麼多奇妙的點子，原來和引導我的藍猴能量有關啊！而且這些點子出現時沒有想著要發展成多大的遠景，也沒想著要做成評鑑檔案，光是在創造的過程就心滿意足的我，其實就是隻在叢林裡玩耍的猴子吧！哈哈！

比如有一次，課堂上把念書念得再一秒就枯萎的學生帶去福利社，豪氣萬丈地說：「今天老師請客，隨便拿啦！」學生以為我中大獎了，我說其實是臨時起意；學生開心說謝謝老師，然後老師在結帳時發現根本沒帶錢在身上……哈哈哈！可是我好喜歡那個全班在福利社大笑的記憶，我還記得自己一副土豪樣，跟福利社小姐說「先欠著」的時候，福利社小姐也大笑的樣子。

有一年寒假前，最後一堂課的前晚，我從永遠改不完的作業裡拔身，想到結束前好像應該做點什麼才是。
只是這麼趕，要做什麼呢？

再忙，該擁抱還是要抱，我總這麼覺得。

比如睡前，要跟女兒們說晚安，然後聽當時國二的大女兒跟她床邊小櫃子說「櫃櫃晚安」，跟今天想祝福的人說「誰誰誰啊你也

晚安」⋯⋯聽小三的小女兒跟一大串的天啊！地啊！天之外啊！地之內啊！今天剛學到的成語啊！故事啊⋯⋯只要她念得出，秀得出她多博學淵源的名詞，都說晚安。那一陣子她還會說：「馬英九晚安，宋楚瑜晚安，蔡英文晚安⋯⋯九二共識晚安⋯⋯」再跟我說：「馬麻晚安，我們要睡囉，一，二，三，睡！」然後這一日我當媽的那部分，才算打卡下班。

在班級也這樣玩！

生活拉雜，但有些事還是想做，喜歡做，不是非做不可，但不做，就像沒跟女兒說完晚安一樣，會覺得有件事懸在空中，也不至於不說晚安就不能晚安！但擁抱與晚安是小密碼，力道大到能讓虛浮浮飄了一天的心啊，落地面來，暫化成土，溫暖的安在各自喜歡的棉被裡，突然都成了顆小不啦嘰的小種子，窩入沃土，意識關機──啟動儲存能量裝置。

期末，我也喜歡這樣收功。那像是把一整學期做一個收整，除了具體的成績收整、幹部評鑑、環境收拾之外，我會用一個我自己直覺認為，適合那個班級的儀式來收功。

那一年，我發紅包！

發紅包那節是孩子剛睡醒的下午第一節課。教書人都知道，這是整天最高難度的一節課！若遇天冷，更添悲涼，走進教室像走進人家被窩⋯⋯

但拿著一疊紅包袋站在講台的我，完全是一個孩子（學馬雅曆法之後，我懂了，那不是孩子，是猴子）的笑容。「來玩吧！來玩！」我說。

趴在桌上睡眼惺忪的小孩，微笑的樣子實在可愛，我跟大家說說我的無厘頭儀式，跟他們說紅包袋裡裝的是我家女兒撲滿裡的零錢時，學生醒了，笑起來了，因為我形容兩個女兒死命護衛小豬撲滿的樣子，實在太好笑了。

我說下學期想邀請大家一起來學祝福的力量！
我也希望我的女兒們一起學，所以直接從我家女兒啓動吧！我說我不是用搶的喔！女兒聽懂後，還幫忙在紅包袋上寫祝福喔！

我覺得拿完紅包要說吉祥話比較像過年，就跟他們要求，他們叫苦連連說很幼稚，但是每個都開開心心說了，因為是玩，大家很難拒絕吧！

至於紅包袋裝多少？
女兒自由意志隨便裝，一元最多，五、十、五十元少少，一百元只有一張。其實花費不多，但全班期末最後一節好開心，而我一直被說青春永駐，也樂不可支。
抽到一百元的同學說完祝福語後，小小聲問著：「老師我可以許

超愛玩的媽媽拉著女兒一起玩。小女孩拿出撲滿裡的存款，投入地包紅包給學生。

願嗎?」

當然好啊!祝你實現!

說我很愛玩這些有的沒的東西吧!我認了!
這些故事於我,其實不是班級經營,也不只是玩了!這是呼吸!
有時沒辦法做那麼完整的大吐納,就小小呼一下,吸一下,一樣
有元氣!不能不呼吸的啊!

我和孩子約好,這是寒假第一份也是唯一一份,所以是最重要的
作業。
在紅包袋上寫下十個想感謝的人,然後過年時也要發出三個紅包
袋,內容物自己決定,只要記得給真的好想祝福的人就可,記得
拍下三個紅包袋照片,加點文字說明,成績就是 100 分喔!

知道自己的藍猴能量之後,再回想自己在教室裡的故事,真的,
很猴子啊!

常常我會被看懂人間遊戲場的藍猴印記逗樂,他們真的很懂怎麼活得更
好玩。

有一次和一個藍猴印記的朋友聊最近網路瘋傳的「宇宙法則」,我念給
他聽時,創業成功的他點頭如搗蒜,大笑說:「這樣,你知道我為什麼
敢放膽玩了吧!」

那個宇宙法則說的是:「你所說的、所想的、所關注的都會被無限放
大,無論好與壞。只去關注好的,喜悅的,宇宙會給你更多。」

毛遂自薦的英雄

黃人——
自由意志歡喜力

黃人啊！
接受自己所有成就吧！
不要逃避啊！
去！去完成！
像春天過了走入夏天一樣自然完成
選擇了，就行動吧！

在寫這篇文章的同時，高三學生用 LINE 傳來一個訊息，希望我週四給他一個時間，他想要在學測放榜前，上台說說這陣子無悔的體悟。

我看著這個訊息，微微笑，嘿嘿！我認得你呢！你是黃人印記的能量。

黃人能量啟動的孩子很明顯，如果剛好他處在一個信任的環境

裡，你會看他常常來說：「我想做這件事，你可以幫我嗎？」「你可借點時間給我嗎？」「我有個想法……」

當然好啊！我總是這樣說。
我是夢想的藍夜呢！我很熟悉這樣的創作脈絡。

記憶中有一個孩子在聯考前要我借他一堂課講電影《天邊一朵雲》，那張當年還是屬 18 禁的露大腿 DM，到現在我還留著。那孩子後來在法國、在中國、在啥咪國做了很多有趣的電影工作，每年看到他，都還是能看見當年那個平日很沉默的他，站在台上滔滔不絕的說侯孝賢和電影的他，很可愛。

還有一個關於掃地的記憶，兩個服務股長自願帶著全班掃全校，說是在地做義工。掃到畢業前，學校邀約他們在大禮堂說這個故事，我坐台下，聽到眼淚一直掉，不是講得有多驚天動地，而是看著孩子長成這麼有創造力，內心忍不住直直想感謝天地神靈，為宇宙裡多一個這樣的魂魄，激動莫名。

介紹《天邊一朵雲》那個孩子當年還在教室布置做了一個衝破黑板框架的飛行器。衝破藍天，追逐白雲！

還有那些自動要求上台演講的：講自己當交換學生時在美國 home 媽家落的眼淚；講鼻子過敏，常頭暈懶得說話，卻被說耍酷的國中生涯；講和妹妹騙媽媽說要去讀書，其實是一起批發冰水去夜市，要幫媽媽貼補生活費的努力……好多好多這些故事啊！我覺得等我老到不能嚼土豆時，應該還是會很開心。因為這些記憶讓我閉上眼睛都還是想笑。

還有一次，一個學生跑來告訴我，他主動跟輔導室說，他要寫下從不會作文，到學測作文拿到高分的心路歷程。

他是那年我們學校作文拿高分的兩個人之一，另一位是文組女孩，他是理組男孩。他覺得自己想跟大家說，他在我推薦的「狂野寫作」和「星子印記」的陪伴下，產生什麼樣的轉變……

哇！厲害呢！
這是黃人印記的指標力量：毛遂自薦。
這個指標的意思是：醒過來了，要走出去了，開始練習自己的英雄之路了。
這個指標的清晰程度，可以到達說著「這一攤算我」的時候，義無反顧；說著「那一攤不是我的事」的時候，毫無愧色。

所以啊，今晚傳來要求週四要用一堂課說說無悔的孩子，我想告訴你我是多麼期待你啊！不管說得好或說不好，都說吧！看見有一顆心在高三考試時，寫了那麼多驚死人的考題，還能撲通撲通湧動著說：「讓我說！」哈！這是多開心的事啊！

若問我教書最快樂的是什麼？

那就是看到學生開始熟悉並運用黃人印記的能量。

黃人印記引動自由意志。
自由意志連結承擔力量。
承擔力量帶來豐收成果。
這是黃人印記的路徑。

人這個生物，最大的自由意志是什麼呢？是選擇。
反過來說，倘若沒有選擇，那成為人還有什麼意思呢？

課哪有要趕啊？這款醒轉過來、做出抉擇的撲通撲通，會引動很
多撲通撲通，這才是要趕著做的事！

黃人！來吧！

《喜悅之道》一書裡說：

自由是你與生俱來的能力……如果你在做某件你不想做的事，而不
覺得你有自由不去做它，請提醒你自己，為什麼你最初選擇去做
它？如果已經不適合再繼續做這件事，或如果你不再想做它，就從
你的靈魂吸進自由的能量，請求他幫助你放下這件事，請求他幫助
你找到與創造美妙的機會，請給你自己最大的自由，接受與實踐來
自你最內在自己的指引。

這段話就像是黃人圖騰在說話呢！

◈ 消失一晚的小飛俠

紅天行者——
自由意志歡喜力

天行者啊！
星子們都悄悄地傾聽著你呢
聽你告訴我們……
穿越時，你看見什麼？
沒有框架，沒有界線
沒有你和我
只有我們，只有我，而你就是我
天行者說
十面八方都敞開，四野去吧
不怕

這天，一個紅天行者孩子在下課後，站在走廊等我。

我完全知道他來幹嘛！
這個昨晚創造了逃家故事的孩子，要來跟我說那個突然離家，消失在地球一個晚上的自己，他要跟我說那個神奇的夜晚。

這個孩子是領議長獎長大的，一直都很優秀，乖巧，懂事，大家說讚！

但上了高中後，他突然不想優秀乖巧和懂事了，不知道讀這些書要幹嘛？大人們跟他說讀書是為了創造自己，他說創造一個跟你們一樣庸庸碌碌的自己嗎？大人們跟他說奮鬥是為了走自己的路，他說可是他看到再怎麼走自己的路，還是在規矩之內，他說他在家裡開始無法睡在自己床上，他總是到處找適合躺下的空間睡覺，家裡很多地方他都試過。

「你會擔心這樣讓人感覺你很怪嗎？」我問他。
他說有一點，但越來越不在意。
「哇！你日子過得滿爽的喔！不太讀書了吧！」我開他玩笑：
「所以你都做些什麼呢？」

他說起一個持著菜刀跟家人談判自己生活模式的記憶。
我張大眼睛說，你演這麼大啊？很累吧！
他說就是：「不愛被綁的感覺。」

那天我聽他說著，一直就猜著這小子不會是紅天行者吧！那個移動力量那麼大，於是我跟他說，先假裝「找回星子印記就取回自己力量」這句話是真的，我們來把你的印記畫出來吧！看看力量取回後，是否可以不要那麼辛苦的抵抗？

當他第一眼看到天行者的印記時，你猜他說什麼？他說：「沒錯！這就是我！」

酷！沒看過這個圖騰的孩子說這就是他？
這可是陪大家尋星子印記的經驗裡，第一個這樣說的孩子，篤定極了。

他說自己「上不著天，下不著地」。
我接著跟他說，那剛好，「上天下地都自由」。

沒有人綁你，天行者，沒有人。
你是穿越高手，念到意到實相到，只有自己念頭綁自己，解自己
就好啦！幹嘛花那麼多時間和旁邊鬼打架？
他大笑。
緊繃的臉開始願意多說些，也開始在下課後，會來跟我說說他看
了什麼，想到什麼，以及做了什麼，比如離家出走又回來。

我走向那個站在走廊盡頭的他。

當我靠近他，我就發現接下來好像會有一個有趣的經驗。
因為以往，像這樣面對一個離家回頭的孩子，我都會在靠近他
時，自然而然的說：「還好嗎？親愛的孩子！」或是「嗨！要談
一談嗎？」逃離原來軌道整整一晚的你，應該有很多可以說的
吧！來！我們來說嘿！
但是，今天走到他身旁的我，心底沒有任何句子耶！只是走過
去。只是感覺到嘴巴好像被什麼黏起來，沒有一點聲音想發出，
沒有事情想問。

好！我接受這個嘴巴被黏起來的我！
好！和孩子往回辦公室的方向走吧！

天行者在我身後跟著走，手插口袋，兩人都看前方，也不說話。
看起來很像兩個只是在路邊並行、剛好走一起的陌生人，沒有交
集的那種。

走啊走啊！走啊⋯⋯一路走⋯⋯眞的都沒有半句話耶⋯⋯走過目前維修中的亂亂校園工地⋯⋯走過有著亮亮投射燈、展著美美作品的二樓走廊⋯⋯繼續走啊⋯⋯走啊⋯⋯好喔！再上一層樓梯，就到我的辦公室囉！眞的都免說話喔？

我看了一眼這孩子，他一副要走著走著走到天涯海角的樣子。
只是我好像可以開口了耶！那來開口吧！
我說的是：「所以你專程陪阿嬤散步齁？」
「是啊！」他說。
我笑出來，想說這樣不說也沒關係吧。等等要上課，就這樣唄！

沒想到，他像水開了閘，開始流出句子了。
他說：「老師，你知道嗎？從今天第一節課開始我就一直一直被約談，一直談一直談，誰誰誰第一節課找我，誰誰誰第二節約我，同學誰誰誰問我⋯⋯我說得好累喔！好想休息一下⋯⋯」
聽他這樣說，這次，我就眞的放聲大笑了，在長長的走廊，笑到沒法停下來。原來是這樣啊！是那個「說得好累啊！」的聲音在叫我閉上嘴巴啊！原來是這樣啊！那個陪老師走一段，什麼都沒說的路途，是在提供休息啊！

我一邊笑一邊跟他說：「約談你的人，都是關心，別這麼哀怨好嗎！」然後腦中卻一邊閃過一本叫作《S》的書（圓神出版），於是就跟他說那本書。

書裡有一段情節很有趣。
一個孩子跟筆友說起他兒時迷路四小時的經驗。說得好玩，好可愛，好精彩呢⋯⋯幾乎像童話裡愛麗絲遇到戴手錶的兔子那般夢

幻耶。

通信一陣子之後，他跟筆友吐露實話了。

「其實，那年我不是迷路，我是逃家。」他說。「那一年我弟弟死了，我的父母哀傷到幾乎不理我……」他說起自己很深的孤獨、還講了那四小時其實是將近一個禮拜的逃家生活，提到躲藏的小木屋，以及木屋裡的驚魂。

那本書我是沒有辦法看完的，太大本啦！作者不貼心，一本書寫得落落長，老花眼，看得很累。

但，那一小段故事，我倒是讀得入心。

我跟剛逃家回來的男孩子簡單報告《S》這本書，然後若有所思地想起自己也曾是那樣的少年：一點謊言；一點背叛；一次逃離；一次迴轉……後來，後來怎麼了？好像也只能記得當時的混亂；好像已說不太全當時狀況。是如何起念離開的？又如何轉念回返的？啊！迷離得跟命案沒兩樣呢！

但是，終究回來了。

你看！你在這裡了啊！
我跟這個昨天讓自己消失一個晚上的孩子說：「太棒了！值得慶祝不是嗎？」
我們都笑起來了。

笑完之後，我們面對面站著。
我眼底還有著因為笑太用力時，不由自主流的眼淚。

我說：「讓我跟你實說，不好意思欸！我對你發生什麼，真的沒那麼掛念，我看見的是，你在這裡了，真棒！」
這個一路手插在口袋的孩子，三七步站著，一邊聽著我說，嘴角微微笑著。然後他說：「老師，其實我編故事編得好累。」
這一句，讓我又笑得更大聲了。

紅天行者啊！不必編故事啊！你本身就是一個故事。
班級裡的紅天行者常常是一個哲學家。
我經驗到的紅天行者幾乎在空間的移動上，都像是一個自由穿梭任意門的行動家。善於行走，而且走在不同空間也不覺突兀。
但因為在外貌上，沉思和發呆看起來實在 100% 難分，呃……於是，紅天行者也常被看作是胡思亂想者。

「想那麼多？囡仔想那麼多幹嘛？」
「乖乖做好本分就好了。太閒……太好命……」

紅天行者常常很難辯駁，因為平行時空都在腦海裡，還沒有理出一個脈絡時，其實說不清，講不明，但又因為吞不下一直被人家說「吃飽太閒」這樣的說法，常常很委屈，委屈到激動會掉淚。

加上速度快，於是當他察覺四周笨重緩慢的頻率時，很容易生起不耐與厭心，假設他又聰明，偏又無法立刻移動，他會對規定這個那個的一切消極抵抗，最常說的句子是：我沒有目標。

其實不是沒有目標，只是忘記自己能移往目標，被困住了。

別再編故事了，紅天行者。我跟孩子說起天行者的力量。

你有著四界上下移動的能量，別把這樣的能量拿來擔心被困住，
要練習用這種能量去探索世界、探索宇宙，這是你能做的啊！

打破框架，移動身與心與靈。
紅天行者在平行時空裡像個小飛俠呢。

無需擔憂選擇！
每個選擇都將通向不同的宇宙，都是探索，都將是過程。

後來這逃家的孩子去念了教育系，說是要成為老師。
我在他的甄試備審資料裡看到些文字：

高二遇見良師益友，人生的啓蒙時期

高中時的我，對生活絕望，對世界不理解。我不知道為何要讀書；
我不明白活著要幹嘛？於是我思考，不停的從父母、老師、書本、
社會上尋找解答。

這時我遇見了潘如玲老師，她不太給我答案，她只是一直和我分享
經驗，討論並聆聽我的想法，我跟老師說其實我對人生每條路都有
興趣，但這居然造成了我無法專一的問題，讓我在各個路口徘徊，
無法努力。

老師為我找出我在馬雅星子印記裡的紅天行者能量，並為我解讀，
老師說：「三分鐘熱度也沒關係，但請你練習在不斷切換跑道的過
程中，即使三分鐘，都請專注在當下的選擇中。」

這樣的印記解讀有一種讓我被接納的感覺，我不再為我的不專注煩
惱，心安頓下來。開始找自己前進的方向，我想：既然無法專注，
那就在我的位置上，幫助眼前能幫助的人。

而「教育」是我認為幫助人最有力量的方式……

◈ 害怕「空」的哲學家

**白巫師——
今昔之間我穿梭**

巫師啊！
請記起你的魔法
魔法在心不在咒語
心是穿越時間的任意門
你是微笑自在的魔法師

「沒有意義。」一個有著白巫師印記能量的學生，愁眉苦臉來問我：「是否很多事情到最後都是沒意義的？」

大哉問，超讚！
但，下課只有區區短短小小十分鐘，你知道對一個腿短的老師來說，划著兩腿趕去尿尿和喝水，是多需要分秒必爭嗎？所以即便是大哉問，我還是跟這個白巫師說：「這問題超棒！但尿尿喝水重要，先讓我去廁所吧！」

我一邊走，一邊跟本來愁眉苦臉的白巫師孩子說「水很重要」這件事。白巫師是一個很容易跟身旁頻率共振的印記，說白話就是敏感，或容易轉移注意力。

對巫師來說，心所注意的方向，就是他看見的真實世界。
所以在還沒有機會解答他的大哉問時，讓他先轉過頭去看看另一個焦點，不是治本，但可以治標，緩解憂與愁。

聊著聊著，說起病房裡的婆婆，說起那些輔助水分與呼吸出入的管子時，白巫師也聊起他家人生病的經驗。

我說我們真的要珍惜能尿尿的時光！
早上起來，一張眼，如果發現還能呼吸；一坐馬桶，發現屎尿自己來；一說話，發現聲音自然流動；一行走，發現還能移動……
如何不感恩？能呼吸、屎尿、言語、行動……如何不感謝啊？
「所以……」我說：「可愛的孩子，我們先去喝水尿尿，等等再管意義不意義。」

白巫師大笑，說：「這樣說好幼稚！」

從廁所出來的學生，繼續漫遊，陪我走向下一個上課班級的空檔，她開始說起最近的沮喪，一件一件關於父母，關於遺失，關於朋友……

「我好好奇……」快走到下一個上課地點的我，發自內心讚嘆：「你怎麼能這麼清楚看見自己生活裡的這些，我沒辦法耶，真的。」

我說我也常升起煩躁心，聽說這種狀態叫作「無明」，一種無以名之，又明明白白盤旋在心的狀態。孩子問我怎麼面對它？我說當它來時，我書寫，我習慣透過書寫，看看整個事情的來龍去脈，若未書寫，我很難說給別人聽懂。

「所以，我很羨慕像你一樣，能這麼清楚一件一件說自己無明煩躁的人。」

「你是怎麼有這樣的能力的？」我問。

學生搖頭，一臉笑：「誰知道啊？」

我說：「打鐘了，我們先去上課吧！」

「好喔！」她又說了聲「謝謝」，然後蹦蹦跳跳走了。

謝什麼呢？

我也還沒回答她人生的意義到底是啥米。

她也還沒回答我是如何有這樣描述自己的能力。

真正實作的事情就是一起去上廁所，然後在她繼續說沮喪時，我抓縫補充最近也煩惱婆婆生病，她抓縫補充最近煩擾到讓她覺得人生沒意義的事。還有……還有……說著「一起來感恩呼吸與尿尿吧！」這樣詭譎的建議……剛剛那個沉思的白巫師就蹦跳蹦跳去了。

因為她被轉台了。我不是故意要轉移啊！而是陪伴白巫師的過程，我知道真的要陪白巫師解題，是需要更細緻的方法與較長的時間。只是遇到緊急而必需時，引著她換另個頻道接收世界訊息，是不錯的方法。

白巫師和紅天行者一樣，也是哲學家的孩子；紅天行者打破空

間，白巫師則是穿越時間的旅者，是通透於過去現在和未來的。你若看見他眼神深邃的問著你關於生死，關於未來，關於因果……你都不要驚慌，不要說他不切實際，他住在漫遊世界。

我通常有兩個選擇：
若有時間，就陪他上天下地漫遊找答案。
如沒時間，就換頻把他拉回現實，例如：「先讓我去廁所吧！」

拉回現實很快，總能立刻改變巫師的狀態。
我說的是如果你的頻率大到可以引動他的話。

陪伴白巫師的經驗都很特別，因為他們的思緒在現在過去未來中穿梭，問的問題五花八門，也就不足為奇了。比如有一次，一個白巫師印記的孩子說她很怕一個東西。

那是在一次畢業旅行的車上，整個車廂是學生掀天震耳的卡拉OK嗨歌，好吵，吵到我雖然覺得應該跟坐在旁邊這有著白巫師頻率孩子說點什麼，但太吵，所以就只是坐著，吃東西，看風景……偶爾接過麥克風，亂唱亂唱。

後來，孩子主動說話了，她說：「老師，為什麼我會怕？」
「怕？」我轉不過念頭來，想說這車上人這麼多，怕什麼？

遊覽車內孩子的歌聲根本是海嘯，這孩子囁嚅的嘴形，聲音被淹沒在歌聲裡，我完全讀不出任何意思，只好筆談。

只見孩子快速的在紙上寫下一個字：

空！

空？

我好怕空！孩子說。

我看著這麼年輕的孩子，還不到 18 歲，卻說她怕空？我心想著，是十八又不是八十，這空是要從哪兒怕起呢？

你要是曾經滄海，眼下這水入不得眼，你當然說空。
你要是曾經翻天，眼下這地立不得足，你當然說空。
而你這麼小，你的空打哪裡來？

空是什麼？
空至少也該是《紅樓夢》裡頭的場景吧！
是那種「古今將相在何方？荒塚一堆草沒了……」的空，是「陋室空堂，當年笏滿床；衰草枯楊，曾為歌舞場」的空，是「昨日黃土隴頭埋白骨，今宵紅綃帳底臥鴛鴦」的空，這樣在「亂烘烘你方唱罷我登場」的遊覽車內，感覺「甚荒唐，到頭來都是為他人作嫁衣裳」的空……才是空吧！這空是曹雪芹豐華皆盡才得的空！而這麼大的孩子，說著空的時候，還紅眼眶，是怎麼了？

但我知道這是一個白巫師孩子呢，她的害怕絕不是為賦新詞強說愁，一定是看見了什麼，所以，來吧！來聊。

你是從小到大，用盡力氣要幫爭吵不斷的父母，卻始終無法度的孩子嗎？

不是！
你是想辦法帶給互相抱怨的家人歡樂，結果沒人答理的孩子嗎？
不是！
你是是看著社團分崩離析，卻完全無法使力的孩子嗎？
不是！
還是……你是念書念到快涅槃，成績始終沒起色的孩子嗎？
不是！
那是誰讓你感覺無望？
是弟弟！

原來是弟弟。
弟弟生了一種很難復元的病，無論怎麼努力，都回到原點。

是這樣啊，我說：「那老師也說說我自己的弟弟好嗎？」

「2011 年……傳說末日的前一年，我那老是強調人生快活的弟弟，開始他的慢行人生，他進入一個很難的生命學習，超難。所以我好像知道你說的那個難，那個『難』不是『做了什麼』的難，而是『做什麼都沒用』的難。」

「老師，你弟弟怎麼了？」孩子問。
「我弟弟是運動好手。」我說：「39 歲中風，不能再回到他最愛的運動場。」
「老師，那你不會覺得怎麼做都是一場空嗎？」白巫師說。

我沒回答他這個問題。
我說，我跟你說太極陰陽圖好嗎？

我說「空」對我來說像是太極陰陽圖裡頭的極黑，一個難熬的巨大黑暗，像是坤卦中六爻全斷，墨黑到底，一無光明。

但我老記得「一陽來復」這個句子。
我知道等著「一陽」來前非常難熬，但又知道「剝」卦過了，便是「復」卦，「由剝轉復」，自見光明。闖關過去，便是「否極泰來」。

因著這樣的信念，當我在前不著村後不著店的「空」中，我會耐著，心會冒出一種安靜，等著等著……好吧！說我頹廢也可以，反正就是耐著，耐著，再耐著……孩子插進來說：「耐著的時候，常常很想大哭。」

會啊！我說我也哭的。
當然會哭，誰不哭呢？我還哭得好大聲呢！是那種無語，只好罵蒼天的哭法喔！

但因為眼下真的無路，啥都做不得、哪都去不得……
於是慢慢靜下來……

然後慢慢練習和這個墨黑相處⋯⋯

然後慢慢用各種方法接納它、使用它⋯⋯

然後如果運氣好，電光石火間，靜下心來辨識，居然看出墨黑裡藏著一些些東西，而且好像一直在那裡，等著被看見⋯⋯有人說它是生命禮物，是恩典，或意義⋯⋯都好！有時甚至還出現破解方法，忍不住要驚呼！

我還說到弟弟在醫院做復健時，媽媽躲在柱子後面一直拿衣角偷偷拭淚，我去安慰媽媽，卻沒注意到自己也在哭；說到剛生病時，曾在半夜把自己所有的、心愛的、貴森森的自行車拖去路旁丟掉的弟弟，後來開始練習單手單腳重拾球拍，打電話來告訴我時，說得模模糊糊，因為電話裡都是哽咽⋯⋯

說給巫師孩子聽時，我拿筆在一張廢紙上，一個又一個畫太極陰陽圖，車行轉彎左左右右，車內歡唱乒乒乓乓，太極陰陽圖歪歪扭扭⋯⋯但巫師孩子好安靜，一雙眼盯著看，彷彿能因此看到我話裡的所有場景。

當我說：「耐著耐著⋯⋯再耐著⋯⋯相信相信再相信⋯⋯」說「由剝轉復」，說「一陽來復」時，不斷點頭的白巫師淚流滿面。

眼淚真的是好的，當它在明瞭處時來，總帶來清明思維。

努力在遊覽車內，為了跟白巫師一起看那個「空」，而用超大聲音跟卡拉 OK 比賽音量的我，看著那個淚，也流下淚來。

我說：「抱一下，親愛的孩子。你好棒！」

穿越時間的白巫師啊！在空裡，你看見「過去」與「未來」，原來都從「現在」這一刻轉動。而這一刻啊！它的名字叫作「當下」。

遇到白巫師時，請他別怕。
請他跟「空」說：「親愛的『空』，來，抱一下，你好棒！」

看完時空穿梭的《解憂雜貨店》電影後，我在日記上寫著：

帶著覺察去看見共時，一開始就先當它是巧合吧！讓自己驚喜驚訝吧！然後會發現這些巧妙的共時不只是來提供奇蹟似的人生，它還是來邀請我們信任這天地的訊息。莫慌莫懼莫流淚，沒人真正是孤單，從沒孤立無援這件事。

能量始終與我們並存，宇宙其實在心中，愛自己，就愛了宇宙，於是，都來更愛自己吧！

◇ 學會孤單的女孩

藍鷹——
用高度穿越困境

老鷹啊！
在你眼裡，高高低低會是什麼呢
在天空，看到的世界還有起伏嗎
順流的飛，清晰的飛，安靜的飛
即使沒有人聽懂你所看懂的世界
帶著希望，放下期待，擁抱可能
替更多看不到那麼遠的眼睛去飛
沒有蕭索的寂寞
全是豐盛的孤獨

「請說重點。」老鷹說。
「我是在說重點啊！」呃……是你不認爲我的重點是重要的點。

老鷹印記的孩子很難一下子就喜歡我，你猜爲什麼？

老鷹最難忍耐的是「慢」與「憨」。老鷹的精準習氣讓他很不容
易理解速度不足，以及不夠聰明這些事。他要快狠準，還有帶著
銳利的慧點。

而我天生沒這東西啊！

對於習慣凌空出爪，攫取必然到手的老鷹，沒有重點就是沒有意義，對於把〈赤壁賦〉用太極陰陽圖來解的老師，悲悲喜喜說得像起伏有致的生命之歌這種事，老鷹很不耐煩。

有一次一個老鷹孩子抱怨著，身旁老是一堆讓他煩死的笨蛋，範圍之廣，讓我懷疑天底下只有他一位智者，其餘都該拿去炸油鍋。

「你會不會很孤單？要幫這麼多忙，很累吧！」想說老鷹都超聰明，於是我小心跟他求證一個可能：「有沒有可能看到的不見得是真實的，有沒有可能速度『慢』是因為正在觀察；看來『憨』是因為還在思考……」

抱怨的他居然安靜下來……好像被什麼東西戳到胸口一樣，靜下來。

我說我們再來看一次你的老鷹圖騰吧！
有趣嗎！有沒有發現圖騰裡的老鷹，嘴不是往外，是往內？
為什麼呢？

老鷹啊！你和橋一樣呢！開口之前，先分辨孤獨與寂寞是不一樣的吧！
當你分辨得出來，你將能享受你的孤獨，而不是怨嘆你的寂寞。
當你享用你的孤獨，那些指責和批判，誰是與誰非，悲傷或無

解……都將安靜下來，嘴往內收，耳得敞開，風在耳邊呼嘯，天空都是高維。

提升高度，看見全貌的老鷹，力量都能拿去專注飛行。孤獨將成創造力的花園，蓬勃生機，盎然。

我曾拿老鷹這樣的看見，去陪伴失戀時差點撐不下去的女孩。

11 月天寒，「老師，我被提分手了。」她說：「每天我都努力跟自己說要變得更好……但是每天都好累，好糟……」

原來曾經太愛，愛到被分手時，魂飛魄散回不來。

我陪她找印記。
很好！是一隻老鷹呢！
是老鷹，一定知道闖關的方法就是提升高度，山來擋，我們就飛過山頭，把飛行路線找出來！

我問她：「數呼吸，去朋友訴苦，記錄下來和大哭一場……你最想試試哪一個？」我請她先拉高視野，看各種可能穿越的路徑。
結果她說：「每一個都做過了……」

她說：「還是很難過。」

果然是老鷹啊！不用人教，路徑都試了！只是條條都不通。

「所以，你學到了什麼？」我想繼續陪老鷹在天空的高度對話。

她說起自己在親密關係裡的緊迫盯人，說起自己愛一個人的方式竟然是要對方概括承受她的情緒……

太棒了，即便眼淚還在流，但老鷹的眼張開了：漫無目的的飛行停下來了，翅膀斂起，闃靜的天地要啓動了。

她開始記起我跟她提過的藍鷹印記，那時我完全不知道她正在失戀大痛中，當時開始許願要幫人畫印記的我，只當一個祝福送給我畢業的老學生，說完就忘了。

而這當下，靜極了的她憶起了藍鷹印記。

「老師，你說不要怕孤單。」她說：「你說不必要的人際關係或是感情，要學會放下，我發現我正在學的就是這個。」

「他用離開教會我這件事，讓我開始正視自己，我看見我真的好害怕孤單，怕一個人……」她說：「老師，你說得好準啊！你當時說的那段話，是現在最能支撐我的句子。」

不是我說得很準啊！
是因為自然法則，就像風就是那樣吹拂，雨就直落，鳶飛魚躍，各有狀態，認出星子的人，說出星子的狀態，如是而已。沒有神通，每個人都可以的，就像學會轉收音機收聽不同頻道的節目，轉對了赫茲，就收到了聲音，如是而已。

但面對還在傷心的女孩，我們要幫她加油。所以我還是跟她說，那就撐住自己，親愛的老鷹，將來你會知道如何撐住別人。用感

謝的力量幫助自己，每次思念來時，每次痛苦來時，都感謝他。

到了 3 月，春暖花要開了，她還是痛苦，來說：「老師啊！像被鎖鏈拖著，老師啊！每飛一步，都牽動更多的過往記憶，這樣的我還要飛多久呢⋯⋯」

我說：「繼續飛⋯⋯」

不是敷衍，是老鷹真的就是勝在高度與識見啊！

到了 4 月，她傳了訊息來：

如玲，我覺得很神奇，想跟你分享。現在的我，每天都很珍惜。
就像你之前說的：要放大每一個感官，去看生活、去觀察。
我發現我真的很幸運。失去了一些東西，也獲得了新的生活。
繼續為自己努力的我，申請到了獎學金，今年 9 月之後就要出國去讀書了，接下來兩年沒辦法回去看你跟討抱抱了。
想跟你說的是，謝謝你告訴我，要成為對自己更有自信的人。謝謝你提醒我是一隻老鷹。註定要飛翔的老鷹不要怕孤單。
我也發現自己不再需要陪伴，也能獨自完成很多事情了。
這陣子已為活在孤單的我，意外的看見許多珍貴的人們以及回憶。也開始發現背上真的有一對翅膀，能帶著我飛到好遠好遠的地方。

老鷹不要怕孤單，這是你一直在提醒我的。
記得手寫的溫度，寫下自己的變化，去了解、感受每一個自己，不論是不好的、好的、焦慮的、憂鬱的、快樂的、開心

的……都是。要學著去接受、尊重。這也是你一直跟我說的。

為了能飛更高更遠，或許身旁的人不理解不諒解，我寧願是山林間飢餓的鷹，也不願是枯井裡肥美的蛙。
山間的清嘯留給我自己吧！不要用華麗掩蓋我看見的事實。
如果我是鷹，我要如實說出我的看見，即便如實或者會傷人，但我從不因如實而傷過人，我只記得往高處飛，因為我要帶給別人希望。

「想當你永遠的孩子。」看著女孩在訊息最後寫著這句話，我真的好開心，不是因為自己被喜歡，是開心又一隻老鷹起飛。

《西藏生死書》裡有一首短詩，我很喜歡，很可愛又很警醒。幾乎是老鷹的眼。在最後，我們拿它來練鷹的眼力吧！

〈我走上同一條街〉

1
我走上街
人行道上有一個深洞，我掉了下去。
我迷失了……我絕望了。
這不是我的錯，費了好大的勁才爬出來。

2
我走上同一條街。
人行道上有一個深洞，我假裝沒看到，還是掉了進去。
我不能相信我居然會掉在同樣的地方。
但這不是我的錯，還是花了很長的時間才爬出來。

3
我走上同一條街。
人行道上有一個深洞，我看到它在那兒，但還是掉了進去……
這是一種習氣。我的眼睛張開著，我知道我在那兒。
這是我的錯。我立刻爬了出來。

4
我走上同一條街。
人行道上有一個深洞，我繞道而過。

5
我走上另一條街。

◇ 努力不拚命的鋼鐵人

黃戰士——
直探智慧出鋒芒

戰士啊！
世人傳說你無懼
無盡的精力，永恆的探索
智慧化勳章，力量成盔甲
誰能知道你為何而戰？
你往外而戰？
或往內而戰？

有一個奄奄一息的孩子說她不知道讀書要幹嘛？或者應該說是她不想讀書了。

藍夜老師我依著自己不愛動的懶惰質地，通常遇到這樣的句子，我給出的第一句話一定是：「那就先不要讀啊！想讀就會讀了，先休息吧！」

但這一招越來越沒有用啊！
有人得學習往前承擔，有人要習慣往後放下，每個英雄的道路不

同，得先認出孩子是哪路英雄，才知道要往前衝鋒或休兵往後。

這個孩子對我提議要畫馬雅星子，沒有太多感覺。
但在尋回戰士印記後，她很訝異，直說：「怎麼這麼準？」
她說：「這些看不懂的圖騰居然和我生命有特殊意義，實在太難讓我相信了。在被一語道破那些深藏許久的、不想被知道的……那個時候，藉著那麼簡單的圖騰，居然被看見以後，覺得奇妙又赤裸呢！」

她又驚又喜的模樣讓我印象深刻。

其實不必驚喜也無需驚恐，圖騰本是所有文化的開端，結繩記事，壁畫記史……圖騰連結是直入生命記憶核心的通道，能翻出深藏已久的，裸出本來存在的，是很自然的事啊！

看著戰士印記，她回憶起小時候的故事。

「從小大家就說我太衝，太愛出鋒頭，順便警告我衝第一個的，被殺掉的機率最大。所以小學的時候，我一直努力運動會時不要跑太快、考試不要得失心太重、做事不要當拚命三郎……」

「一直努力……不要跑太快……」這句子，真像在綠巨人浩克的手腳塗上芭比粉紅指甲油，為了保留實力，不准他揮拳。

是因著恐懼大未必佳，於是我們不要小時了了？

了了有錯嗎？

這樣的恐懼像是整日想著把糧食藏入洞裡，爲的是怕世界末日來時沒有存糧，結果還沒到世界末日，食物早化爲塵土，或忘了放在哪了。末日未來，已死於末日之說，哇！這可眞划算。

戰士孩子說，成長過程她就是一直在修改自己不要太出頭。
「但還是很難改變。」她說：「其實，我眞的眞的就沒想要出鋒頭的意思，只是有時候不知道怎麼的，風一吹過去，突出來的那根草，常常莫名其妙就是我，這是怎麼了？」

哪有怎麼了？
戰士理當衝鋒陷陣啊！
在哪個位置做哪個位置的事，不突出圍去的戰士，如何跟人家唱入陣曲？

問題是，爲何而衝呢？

「你爲何而衝呢？」我問。戰士都得著夢想的支持，「所以……你夢想著什麼？」
孩子開口要答，卻說一半，又把答案吞進去。她說：「不知道這樣可不可以。」
「什麼可不可以？」我說：「誰的夢想，誰說了算，你要去找誰問可不可以？」

孩子說自己是非常現實的人（還舉證歷歷，說朋友都知道）。
她說，將來無論如何一定要變成物質生活豐富的有錢人……
可是她又覺得這樣膚淺的夢想，眞是羞赧，所以不太喜歡說……
但又認爲：「有錢不一定能很快樂，但沒有錢，一定不快樂。」

這樣擺來盪去好幾回合，前一步後一步，半步都沒踏出去的說著夢想後……「富有是我出生人間的唯一目的。」她激動得像現在就要出征似的做了結論。

就在我要跟她擊掌說「好耶！去吧！去完成目的吧！戰士」的時候……

「但，我很迷惘。老師，這樣好嗎？」戰士又盪回去了。
「什麼好不好？」我再說一次：「誰的夢想，誰說了算，你要去找誰問好不好？」

放輕鬆！你是自由的，別擔心。
「可以這樣嗎？」她很驚訝我鼓勵她成為一個愛鈔票的人。
我沒有鼓勵她愛鈔票，我是要她支持自己的夢想。

錢財從來不是身外之物，它不只是鈔票；錢一直是生命內在的流動，它是能量，能量始終流來動去，不必讚揚也無需鄙視，讓它來，讓它去！不搶奪，但也不必推卻。

是自己決定錢財的價值！
渴望多一點？那就起身去創造！夠用了嗎？那就流動出去啊！享用它，也用它去幫助別人享用它，比如捐給需要的人，讓它去創造更多歡樂與豐盛，為這個地球、為這個天地……
這樣不是很好嗎？

用太多別人的信念系統思考自己的人生，結果別人的想法太多，把自己困住，哈哈！而且還困在淺灘，真是浪費力氣！

「和膚淺無關,也別認它做貪。」
去創造,記得流動給別人就好。

我們的黃戰士聽得眼睛都亮起來。之前頹著身子說不知讀書要幹
啥的她,不見了!戰士回魂了嗎?沒錯,還有些激動,還紅著眼
眶,有點發抖,她說她決定「偷偷」跟我說一個很怕被人笑的沒
水準夢想。

吼!這麼嚴肅!來!來說!

她一直想要在每一年生日,做很多卡片,然後要站在路邊,不管
認不認識,都要送人卡片,然後跟那個人說:「生日快樂!」

她又告訴我,「想付出情感」也是她的動力。
她說,自己存在就能擁有夢想,而付出這件事是要在有能力以後
才能做到的。
「但現在能負擔的小小的也可以,我也開心。比如聖誕節的時
候,我會買很多巧克力,然後跟自己承諾,只要看到認識的人,
即使是點頭之交,都要上去跟他說聖誕節快樂,然後給他巧克
力。雖然每次我都會省略祝他聖誕節快樂的步驟,但我還是會在
做完以後,覺得好像得到了什麼一樣。」

哈!這樣啊!真是可愛的夢,可愛的動力,會帶來很多歡樂的!

很容易辨識出黃戰士來,不管隱性或顯性。
戰士都堅定,不管是魯莽堅定或淡靜堅定。
那堅定來自夢想,不管大小,都烙在心底。

因為鋼鐵人般的力量與意志很難深藏，所以你很容易會看見戰士們不管肩膀纖細或壯碩，總會忍不住一步搶前扛下山頭，即便再一根草就要垮了他，只要有需要，他還是向前一步，戰，到底。
若是做學問，那就是：學，到底；問，到底……

但也請理解戰士根本不想要出鋒頭……因為他就是「鋒頭」啊！
若他沒有鋒頭呢？那請探問他的夢想哪去了。
倘若無夢，戰士難堅定。

幾次幫戰士孩子們畫印記的經驗，讓我體驗到的是：放棄讓戰士不要太戰士這個想法吧！戰士一跑就是風；一跳要到天，怎麼壓？如何抑？這就像如何讓猴子不爬樹，魚不入水游，狼不能嚎，虎不要嘯……如何能做到啊？

當然可以綁住他們。
那我們只好搏命演出，他們只能演奄奄一息。

認出自己印記的戰士，放腿奔去吧！
沒有戰爭了，不需對外征戰，征戰會奄奄一息；對內擴展自己吧！用夢想支持自己去，去擴展去傳輸自己真的喜歡的創造吧！

還有……嘿嘿，可以開始讀書了嗎？戰士！

後來，尋回印記的黃戰士Anya寫了這段話：

圖騰說我是往前衝的戰士。關於主印記黃戰士，被說得很精準，「好奇、渴望理解、想要就想往前衝」。從小老爸就說我太衝，愛出鋒頭，順便警告我衝第一的人被殺掉的機率最大，所以我一直努力的在學校不要跑太快、不要得失心太重、不要當拚命三郎，但還是很難改變這種個性。其實我真的真的從來就沒想要出鋒頭的意思，只是有時候不知道怎麼的，風一吹過去凸出來的那根草莫名其妙就成了我。

對於我有興趣的東西我會死命的想要拿到，願意付出一切努力拿到。如果要以讀書為例子來說，我不想讀的時候誰都逼不了我，想讀的時候我會覺得樂在其中，無論成績出來怎樣我都不會太難過太絕望，因為我覺得可以走在我想走的路上，就很棒了，只要給我一個這麼做的理由，我可以義無反顧的往前衝，用我認為對的方式去努力做。

我最喜歡問「為什麼不可以？」別人說是叛逆，我覺得那叫自由意志。被說叛逆，可能是因為我對不能理解的事總覺得不平吧。尤其在國中，不能染頭髮、不能穿短褲、不能摺裙子、不能穿便服。我常設想，我不會因為染頭髮就變太妹，我也不會因為穿便服就變壞小孩啊，有時候我就有很多衝動，想挑戰那些我覺得不合理的規定，想告訴那群八股的人：別老要我們反省了，趕快反省你們自己吧！

還有其他的那些圖騰：支持我的是夢想，調和的是放下，要學的是付出……支持我前進的動力確實是夢想與付出，而藉放下與自己和解，也是我一直在面對的課題。

要相信這些看不懂的圖騰和我的生命有特殊意義，還是太難以令人置信。但如玲解釋後，我能從過去所發生的事情在這些圖騰上找到我的影子，也能從這些圖騰觀望到一點點未來的輪廓，從中再繼續反省自己還需要改變的地方，然後那些正在往對的方向前進的，又因此而肯定了自己一次，更能確定的說：「喔！對！這就是我啊。」沒有對錯、沒有優劣，就是純粹的接納自己的說：「這就是我啊。」

謝謝如玲願意花時間為我們做這些。

◇ 不喊累的導航者

**紅地球——
專注就拿回力量**

紅地球啊！
感受你腳下一吋一吋厚實的大地
感受那一聲一聲從地底傳來的心跳
收回所有的探測系統
閉上眼睛，聽到自己
所有的方向都正在定位
所有的疑惑都正在消融
地球說：
我在這裡，我一直在這裡

我想要分享一位很認真但很累的紅地球老師的故事。

她是事必躬親的老師。這個事必躬親讓她有很深的無力，翻轉到要焦黑的教育現場讓她疲於奔命。

「不參加研習，好像很不盡責。」她問我為什麼網路上好多老師的假日可以一直衝研習，有些研習她真的沒有興趣。她提到臥床的婆婆，當軍人的先生，和孩子還小……她說她和學生相處和

樂，曾想過可否不要參加那麼多的研討，但是看到老師們奮不顧身的在假日奉獻給教育，這位紅地球老師覺得若沒投入這場教育洪流，像個失敗者。

是這樣啊？

「我懂！我也會耶！」雖然我沒那麼多的承擔，我也會啊！我記得一直把 PLC 念成 LPC，逗得大家哄堂大笑的我，說是個笑話，但那應該是生命直覺的反對吧！

PLC 很好！它是一個以學習為前提成立的社團，讓老師們有機會湊在一起研習，立意良善。
只是當它成了一紙命令，要老師們透過 PLC 研討……好啦！我老覺得這就一個擔心，擔心時代進步，老師頹廢過太爽，於是要大家綁在一起，要學點東西，隨便學啥都好，名目只要看起來和教學增能有關就可以。

這也是有一陣子被人詬病，質疑老師們研習那些插花泡咖啡跳肚皮舞……這是什麼 PLC？

其實沒不好啊！就是學習啊！

只是老師哪裡不能學習啊？
真的想學的，你就是不補助，他還是籌錢去學。
不想學的，你就是迫他，他也只是假裝學給你。

上有政策，下有對策。

要大家 PLC 是嗎？好喔！那個插花就在怡情，咖啡就是探索，肚皮舞是來強身……寫課程目標？哪有什麼問題！給你。

問題是，時間是固定的，給了你，老師們的日常課務怎麼辦？

到各個學校分享時，我喜歡呼喚紅地球老師醒來。這是一個很需要你們力量的時代啊！專注一個班，一次只看一個孩子眼睛，莫慌莫怕，專心，一個帶一個，在地的力量要起來。

不要小覷這樣的力量。
就像要去看見沉默的地球有著多少承擔！認出來！認出來！

我跟地球老師說一個故事。
我說，從前從前啊，有兩個工人在搬磚塊，好累好累啊！大粒汗小粒汗啊！有人走來了，問話了，「欸！在幹嘛啊？」
一個工人說他累死了，「看不懂嗎？我在搬磚頭！」
另一個工人眼睛閃光，說他正在蓋最宏偉的教堂。

故事講完了。

我跟她說，有一次我看到一個孩子，掃地時間就他一個人很認真在打掃，便跟孩子說這故事──重點是那個孩子我根本不認識──我形容那個孩子被我嚇一跳的樣子。

紅地球老師哈哈大笑，說我很可愛。

呵呵！我喜歡紅地球的讚美，地球都說真心話。

我只是想讚美這孩子的專注，但孩子一臉莫名其妙。於是我只好解釋。

我說你好棒！孩子你好棒啊！
這時間不是每個人都在掃啊！能不管旁人做或不做，就是專注自己工作的你真棒。當然……不會因為你一個人這樣，整個校園就乾淨，但是有這樣的靈魂在的地方，就是一處清淨，這還不值得讚美嗎？孩子笑著點頭（不會是裝聽懂吧？），說謝謝我（是怪怪老師請移步的意思嗎？）。

我跟紅地球老師說，不要擔心自己沒跟著動來動去，你可以移動，也可以允許自己不移動。你有整個地球的力量讓你去決定，先穩下來，不要慌。地球一慌亂，震盪若來，孩子會更慌啊！

「如果在西方，紅地球是大地媽媽……」我曾看著這個號稱導航系統一流，在任何團體都能直覺的結合自然元素，腳踏實地的引導方向的地球印記，心裡想著：「那麼，在東方，紅地球會是什麼呢？」

菩薩！是聞聲救苦的菩薩。

地球媽媽的承擔力不是勉強吞忍，是為愛承擔，是即使千瘡百孔，「孩子啊！只要你需要，我還有多少，我定給你多少」的那種媽媽。

為何說是「那種媽媽」？
因為這世紀越來越多「看起來像，但其實不是」的人、事與物。

得認得出來，才不會混淆。

如果你遇過比家人還像家人照顧你的人、比爸媽還像爸媽支持你的人、比親生孩子還像你孩子保護你的人……你會懂我說的「那種媽媽」。

能量，這裡說的是內在能量。

這樣說不是要我們區分比較誰才是真正的朋友家人父母孩子，這樣說只是要開始來練習認出有不同維度的朋友家人父母孩子，但都是朋友家人父母孩子……各有相處之道，無需勉強也不必惋嘆，認出彼此位置，找到對應之道，才是王道。

紅地球就是承擔的力。

只是未認出自己地球印記，很悶。
不是不能承擔的悶，是因為不知道自己有承擔力而產生「為何要我承擔那麼多？」這念頭的悶（哈哈！這樣說老讓我覺得在繞口令）。

我最喜歡請紅地球先做一件事，那就是「專心」，專心會解除掉那個悶。

專注在腳下這一步，往上長，別擔心慢，只管往天上長。
別分心，分心招來分裂，一裂又落土，重新再來很辛苦。

專心在自己腳下這一步往上長，情緒來時，說嗨！喜怒哀樂愛惡懼都好！都是剛好，就像春雷夏雨秋風冬雪，這是需要的，對生

長中的萬物來說……不要掩蓋它，專心去長，它遲早要結束，不要遮蓋它，不要逃躲它，不要讓他以爲你怕它，它是靠你的恐懼養大它的身軀。而你是地球，好大的力量，你負責專心腳下這一步，你沒有在怕的。

地球媽媽們請站好。

在每個教室裡站好的老師啊！都啓動你們的地球媽媽啊！大大小小的媽媽。

一個個教室雖微小，但一如敦克爾克戰役，成功救援的確是微乎其微的關鍵，那些浮沉大海的小漁船，不是船堅炮利的軍艦，但一艘一艘……一個一個……照樣把年輕孩子運至安全之處。

你看過這部電影嗎？

我說紅地球眞該結伴去看《敦克爾克大行動》這部電影。我想像紅地球們一起在電影院覺醒的畫面，哇！樓地板應該會被撼動吧！酷喔！

這個說是多元卻混亂、到處移動卻沒方向的世代，讓更多這樣的專一心念，這樣的在地力量來到這吧！

紅地球們站好位置，專心你的腳下，一步都好，重點是這一步是眞想要的那一步。

還有……媽媽們，去讚美小紅地球孩子吧！

我把掃地孩子的故事放在臉書上，後來有個媽媽來留言，她說：

我的孩子因為有些課程必須去潛能班上課，跟班上同學相處互動的時間不多，因此有些邊緣化。

那天我照例去與班導師做開學後的拜訪，老師和我談到因為班上還有負責打掃外掃區，而她必須去督導外掃區，所以會被她留在教室打掃的都是她比較信得過會認真掃的人，有一次老師回來教室，發現我的孩子動作雖慢，但一個人很認真的在打掃走廊，就是一個人靜靜的努力的做，也不管周遭的人有沒有在掃。

老師覺得我的孩子認真打掃的樣子很美，她也在課堂上公開讚揚我的孩子，聽到這個故事，不只孩子受到鼓舞，媽媽的心也很感動呢！

她說：「很謝謝老師願意看到一個慢孩子的努力啊！」

寫到這裡，我覺得我應該去留言回她：「是我們要謝謝你們的地球小孩才是，他們那麼愛地球。」

和紅地球相遇時，我喜歡分享一本叫作《小祖母的訊息》的書。那裡好像埋藏著整個地球媽媽的愛，簡單、溫暖而淺白。讀讀下面這段句子吧！

「我們必須放下所有被告知應該想要的一切，從心的最深處為自己做決定。什麼才是最重要的？什麼才能帶給你真正的喜悅？你是誰？如果你有勇氣的話，你想要如何生活？什麼能帶給你感恩與驚嘆的眼淚？在你的內在，何時會覺得最為自在，如同在家裡一般？」

說不出夢想的少女

白鏡──
誠實照見通透路

鏡子啊！
認出自己是覺察之刃吧！
於外觀人，於內察己，
層層回回有如萬花筒
若要鏡子不成刃，很難啊！
於外照妖現形，於內自省自反，
清清楚楚正是明鏡高懸
鏡子啊！
剔透如琉璃吧！如實，誠則有物！

有一次一個孩子來問我選科系的問題。

她眉頭皺著，說最近很難過，和媽媽處得不太好。快要大考了，
卻完全念不下書，光想到現在念得這麼認真，將來要念一個自己
都不愛的學校，打拚有什麼意義？

「跟媽媽說了你的想法嗎？」我問。
「沒有。」她說她講過，但現在不敢也無法跟媽媽說，然後眼淚

流下來。

這是一個有著白鏡印記能量的孩子，對她來說，誠實是她的生命支持力道，若不誠實，不管是面對自己或別人，都會很辛苦。不過我檢查一下自己的想法，好像沒有半點想和她談論媽媽的念頭耶！好像沒媽媽的事呢！只感覺這面白鏡子暗暗無光，需要擦乾淨一下。

於是問她：「那你老實跟我說，你到底愛什麼呢？你想去哪裡呢？」

她說她想去念廣播，但之前跟媽媽說時，媽媽就說她不切實際，媽媽希望她念清大，什麼系都好，就是去清大。

喔！好喔！清大是嗎？也很好啊！那邊很多很棒的男孩子，媽媽是希望你遇到好男孩吧！我說著自以為很幽默的笑話，但是苦惱的女孩半點不為所動，顯然鏡子沒看見真實時，很難糊弄鏡子。

和鏡子處理問題的最佳模式，就是精準而真實的面對，不要迂迴曲折。

我跟她說我的態度是：沒有特別支持廣播，也沒有反對去清大，我不擅長分析，我專長是好奇與提問。

我問她：「我們來借你的眼睛看看，若時間快轉，經歷四年大學後（別管你會在哪個學校嘿，稀哩呼嚕給它快轉就好），你看一下，你會想看見自己長成什麼模樣啊？」

美嗎？

長髮還是短髮？

有自己的收入了嗎？

旁邊有一個帥哥了沒⋯⋯我很認眞幫她想很多可能，雖然大部分聽起來都不太正經。

她有點靦腆，笑著說：「不知道耶，我只知道我喜歡生物，喜歡自然，喜歡⋯⋯」說著這些喜歡的她，跟剛才來到辦公室時不一樣，皺著的眉頭舒展開來，甜美得像個⋯⋯像個⋯⋯啊！對了！我腦中飄過一個幼兒園老師的畫面，一個圍著綠色圍裙，被一堆有著小斑比眼睛的孩子們望著的幼兒園老師。小朋友好乖好乖的聽她說故事呢⋯⋯

我突兀的岔開她的話，直接問她：
「欸！你喜歡當幼兒園老師嗎？」

她大笑：「爲什麼老師這樣說啊！有耶！我眞的有想過耶！可是老師你怎麼知道我想當幼兒園老師？」

「你的神情就像是啊！」我說：「欸，你要不要試試看這個夢啊！」

她說：「老師你好奇怪喔！」

爲什麼奇怪？
她說：「在我們這種（升學）學校不太有老師會鼓勵人去念幼保科的。」

是喔！啊不然咧，都鼓勵什麼？

她說：「通常會是比較有名的學校和科系。」後來她跟我補充形容，就是那種光是念出校名，就會閃著光芒的意思。她的說詞讓我一整個產生五彩霓虹閃閃爍爍的夜市畫面。

我大笑，幹嘛這樣啊！
我說：「我才不鼓勵人咧！」
孩子大笑。

我只祝福星子們回到自己的位置，去到自己真心渴望去的地方，完成此生承諾完成的夢想。除此……鼓勵啊？免了吧！誘惑嗎？算了吧！恐嚇嗎？我才不吃飽換餓咧！

我曾聽過幾個被老師鼓勵創作的孩子，老師為了讓孩子有信心，用了太過多的力量做了鼓勵，孩子因此以為自己有著不世之才——結果在徵文比賽失利後，不但耿耿於懷，還憤而質問評審，找主辦單位理論……好好的一件美事，鼓勵成了恐怖事件。

當夢想不是從自身演化出來，而是被外在力量催化出來時，是被打了成長激素的怪物，看來龐然，一戳都是夢幻泡影。
真實的夢是從內在孵化出來，因著誠實，所以踩著一步是一步，熟成很慢卻扎實，十足的韌勁。

陪鏡子印記的孩子找夢想，就是一步步看著那個流動就好，越誠實的地方越有力量，既然已經來到幼保老師，就先說說這個夢吧！傳播系先放一邊，我們來看看清華大學有沒有幼保科。

她說：「老師，清華大學怎麼會有幼保科啦！」

對齁！清華都是理工科，哪來幼保科啊？我這老師也太天馬行空。但是都到這裡了，「試試看！查查看嘛！」我說。

結果！孩子查了一下我們假設的資料，結果看見……新竹教育大學105年11月1日併入清華大學……

這是什麼意思？

「老師，這意思是說清大有……幼……兒……教……育……系……耶！」

哇，酷！我和孩子高興得擊掌！

帥！

「心情好些了吧！」我說：「可以念書了吧！」

「可以。」她說，微微笑。

可以微笑的孩子真的很可愛，要多讓孩子微笑才是教育要做的事情吧！

真是太好了！沒違背媽媽，又有機會朝喜歡的路上前去的孩子又有動力了。

不過，最後這個鏡子沒念清大也沒念幼保科耶！好笑吧！認真說來，連我自己都要說：啊你是在輔導哪一國的啦？但那次和孩子一起在Google查資料，興奮擊掌的對話真令人難忘呢！

重點是：開始認真讀書的，看起來乖乖的孩子不但笑了，還寫了長長一串秘密給我，我邊讀邊「哇哇哇」的驚聲尖叫，這些和「乖」沾不上邊的記憶，都發生過呢！（救命啊！）都過去了呢！（嘆氣……）都平安了！（感恩。）

重點是：大人們都不知道呢！（老天鵝啊！）

我跟孩子說我是個健忘的人（你的秘密我轉半身就忘了），謝謝你的分享，請放心。也跟孩子說，很多時候你可能感覺是被遺忘的人（大人們常是貴人，不只多忘事，也常忘記人存在，請理解嘿！），請不要因此傷心。

無論如何，要記得自己是自己重要的朋友喔！誠實的照見自己，誠實的跟自己說話，誠實的愛自己嘿！

下次遇見沒有力量的白鏡子，我也會試試這樣誠實的力量。
誠實的說，誠實的看，誠實是踏實的，一步一步會看出那個路徑來的。

我很喜歡大江健三郎的文字，直率又可愛，讀著讀著會忘記他的年紀，好像看見一個白髮頑童在說話。

有一次我看他的《為什麼孩子要上學》，開頭寫著：「到目前為止的人生當中，我曾經兩度思考過這個非常重要的問題，雖然痛苦，但是，除了沉思之外，別無他法。不過就算問題沒有完全解決，擁有過沉澱思考的時間，日後回想起來，就知道其實非常具有意義。」

這段話一下就把我吸引住了，讀到一半時，實在忍不住好奇他的印記，查了一下維基百科，上頭寫著他是 1935 年 1 月 31 日出生，是白鏡子呢！

一掌揮向老師的男孩

藍風暴——
靜觀順勢大轉化

風暴啊！
謝謝你來
我能捨當捨則捨
你往上帶我向上再上再上

我有一次在教室被風暴掃到颱風尾的經驗。

那次，我只是想提醒一個學生上課時不要轉過身跟後面講話。

我真的沒生氣，只是純粹想提醒這個平時互動非常愉快的學生。我一手拿著課本，一手拿起他的鉛筆盒在他肩膀上拍一下……沒想到，這個前一秒還笑嘻嘻和我對話的學生，突然暴跳，眼露兇光，手舉半空，是呼人巴掌的動作。

看著暴跳的學生，我一秒冒出的句子是：「是對著我而來嗎？」
下個 0.00005 秒的答案是：「不！不可能。」

不知道是否因爲這樣的覺察，孩子的眼睛一下子就和我對上了，
暴跳打人的手瞬間放下。其他同學對這突如其來的戲碼感到錯
愕，教室安靜到像沒入深海的失事船艦，全班看著我，有一種好
戲要上場前的感覺，連我自己都感覺要做出一個動作或說出一串
話來……是的，這時候老師我應該要做些事，比如處理這位課堂
攻擊老師的學生，或是打個電話給教官，或是……

而我的決定是先跟全班同學說話。
我在一個非常疑惑的感覺裡說起話來，我說：「很奇怪，我好像
應該立刻懲處這件事情，或者乾脆忽略這件事情，因爲要繼續趕
課……但是這兩件事，我目前都無法做，因爲我太想知道剛才是
發生什麼了？」

當我說這些話時，同學們顯然鬆了一口氣。

後來我才聽孩子們跟我說，他們當時用以前課堂經驗預期我會跟
著暴跳，接著衝突，然後可能會連坐處罰（因爲班上有些人上課
真的很愛講話）。

我問他們以前遇到這樣的狀況怎麼辦？
孩子說，盡量別說話，怕惹麻煩。
孩子說，老師你會這樣處理，我們還滿驚訝的。

我怎麼處理？

我問那個想打我的學生：「你剛才是對著我來的嗎？」

這個男孩子說：「歹勢啦！不是對你啦！」

這就更好奇了，「那是對誰呢？」朗朗白晝，沒鬼沒魂，你想打我，但說打的不是我，哇！這可好玩了。

「我很討厭人家從後面打我，超討厭！」學生講時還有種憤憤。

原來國中時他也愛講話，被一個老師拿鉛筆盒，直接從他背後用力打了腦殼。

「剛剛那一下，我以為你會像那個老師一樣 K 我後腦袋。」孩子說。

是這樣啊！

是他的後腦殼右上方還存有一個這樣不愉快的印痕啊！

我只是意外的觸動那個印痕的開關，但這個男孩子要對治的不是我啊！是那個過去的不愉快經驗，是那個還未清理的印痕。

這個風暴不是對著我來的啊！

難怪當我和他彼此都認出時，他就打不到我了啊！

藉著這個機會，跟全班說說生命印痕吧！

有些印痕很深，深到不容易察覺，埋在冰山底層，你以為它消逝了，其實是壓住，等到壓不住，或是意外碰撞時，就要噴出。

藉著風暴印記練習靜心吧！練習跟暴風之眼連結，認出風暴其實是個明燈，指引我們靜觀，順勢，一切如是。

剛開始自學曆法，很自然會從字面上解釋印記，看見「藍風暴」

就解讀為大 trouble，加上有幾次還真在這些能量相關的人事物或年月日裡，遇到難熬的故事，就對這個印記有了忌憚，不只三分。

後來真的找前行者學習，哈！開始從紙本閱讀裡跳出來了，直截連結圖騰，解讀印記時，完全不同於之前閱讀資料的體驗來了……比如認出風暴的善意、認出破壞背後挾帶清理的大力。那些早該捨、早殘破凋零還不捨得捨，這下子藉風暴一掃……去吧！別苦苦留戀，該捨快捨！

更重要的是風暴的內在原來還長著一顆明明朗朗的眼啊！這隻眼只管認出，安靜的看著風暴流動，順勢而趁勢，看似昏昧不動，其實屬眼如鷹。

這眼認出身心輕盈才有機會趁勢直上。
這眼認出風風火火原是給鳳凰煉浴火。

教室裡常有突如其來的風暴，大小不一，若不以靜觀過關，若不以順勢趁勢，很容易隨之起舞，很容易與之俱淪。尤其在這個年代，第一線老師們都心知肚明：班級裡辨識得出來身心靈需要關照的學生，比政府單位統計出來的多更多。若未提升與風暴相處的能量，那就是社會版新聞裡常見的互毆、虐待、失控的故事（當然，也許老師自己就是那個風暴）。

面對風暴其實是一種很特別的練習，不論是外在或內在。

早期教書，我常被這樣的風暴引動出更大的風暴，就是兩團風暴。你一拳來我一拳去，沒在客氣的。

後來累了，決定不被風暴影響，他自他，我自我，你若拳來我引開，當你石頭無感，閃為上策，你當你的風暴，我假裝我不是風暴，但總覺虛無縹緲，有種躲開了自己真實感受的不踏實感。

學了星子印記後，風暴來時，常覺得電光石火之間，自己剩下一個眼，還歪個頭，十分好奇地看著一切，內在聲音是「你是誰？」、「是對著我來的嗎？」之類的奇怪句子⋯⋯

若是，那你是什麼？要討債還是挑戰？好！確認了，就來吧！
若不是，那你為何而來？你確定你要找的對象是我嗎？要不要看清楚？

這是藍風暴給我的教導，我覺得很好玩。

真心推薦師生一起來練習藍風暴印記的力量。

推薦《跨次元互聯網：祖夫雅的魔法通道》這本書，適合每個印記的人閱讀。

「祖夫雅」是馬雅星際的用語，代表龐大記憶迴路，不但在個人層次上運作，也在集體層面運作。作者荷西・阿圭列斯說：「祖夫雅是次元實相之間的一道道浪波，要成為祖夫雅乘行者，就要乘在第三次元物質實相與第四次元實相，即我們夢體、能量體或光體的跨次元動態浪峰上。」

這是本像小說的馬雅書，可以陪伴轉化中的生命，得一份清晰。

沒事就自責的小孩

黃太陽——
黑子無礙放光明

太陽啊！
我們來推開心裡那道門吧
往外照耀的光芒，也記得往內照耀呢
走進去！走進去！──看見全部的自己
走出來！走出來！──放出每一個自己
哇！你看！
天地更亮了耶！

曾有個在班級非常活躍的孩子來找我，想解決寫不出文章的問題。認出他是黃太陽印記的孩子之後，我就直問這個太陽小孩苦惱何在？

我開玩笑說，光寫太陽的熱力四射，就洋洋灑灑了，怎可能寫不出來？

太陽的回答很有趣！

他跳過我的問題，問我另一個問題：「老師，停頓是壞事嗎？」

所以，孩子，你的停頓是什麼？
請描述什麼叫作停頓？為何是壞事？

太陽開始描述著他的小黑子們。
他說起在團隊裡常常要負擔很多責任，也不是做不來，但老是有
一種……他說：「感覺一停頓，就好像自己沒有東西了……」

是這樣啊！
習慣放射的太陽不習慣停頓，不習慣不給出嗎？
於是要找出能證明自己光芒還在的任務去執行嗎？
於是要一直燃燒，好讓自己記起自己是太陽嗎？

可愛的太陽啊！
可以接納自己停頓嗎？
可以什麼都不做，還是愛自己嗎？
可以無一是處，還是願意相信自己有一處能發揮嗎？

光明如太陽，都還是有黑子的暗，平凡如我們，又怎能不接納自
己的負面？

光明處藏暗，暗中有光明是存在事實。
認出內在陰影，才有機會用完整的自己全力以赴，放光萬丈啊！

太陽孩子聽我慷慨激昂完，顯然還有疑慮，他繼續描述心底的小
黑子：「老師，如果一直放射，太陽能量消耗殆盡怎麼辦？」

喔！是這個啊！最大顆的黑子來了！
這是太陽最深的恐懼是吧！這個恐懼是因黑暗而起，擔心著當自己不再能送出光時，這世界要毀滅了，該怎麼辦？

別擔心啊！太陽，在馬雅傳說裡有九個太陽呢！
每個星系都有太陽，銀河星系，昴宿星系……
輪流照耀吧！太陽。

太陽孩子聽著笑了起來，神情鬆了下來。

我請他記得自己光芒萬丈的樣子就好，至於停頓……「那是好的！」你只要知道那是停頓，不要批判，不要責怪，停頓一下，自然就會繼續流動了。

孩子說可以試試。
後來我還請他在班上分享寫作心得。他還沒寫出曠世巨作，但是他講得真好，無私分享，清晰解說，讚到我忍不住推薦給學校，希望以後請他回來跟學弟妹談寫作，他也一口答應，彷彿那本來就是他當做應做的事。

太陽的給出就是這麼自然而巨大！

我們認得太陽，卻常忘了黑子的存在。
科學家說黑子越多代表太陽越老，那就像是內心黑暗面越多時，精神就越衰頹一樣。

但是，沒有黑子就全然光明嗎？

科學家告訴我們，比太陽的光球層表面溫度低的黑子，長得像深暗色斑點，活動週期為 11.2 年，活躍時影響地球磁場，損害電子產品。黑子太少，太陽會進入「活動極小年」，若完全無黑子，就會進入小冰河期。

所以，沒有黑子的太陽反而會讓世界進入黑暗？
這真是有意思的太陽。

有一次監考，也遇到一位太陽小孩。我一進教室，就立刻被牆上滿滿的剪紙圖騰吸引，那根本是一個個曼陀羅在空間旋轉，舞蹈一樣的教室。

我問前排孩子，是誰呢？誰設計的？
沒有一個人回答我。

我的開心是：每次遇到只是臨時一年半年在一個教室學習的班

那根本是一個個曼陀羅在空間
旋轉微笑，舞蹈一樣的教室。

級，卻總有人把它做成安住處一樣布置時，總是十分驚喜！當然要問問設計師是誰？是誰在創造？

結果沒人知道是誰。
這可怪了！

我繼續數等一下要考的考卷，有個學生走過我前面，我直覺是他，但不確定。趁著還有幾分鐘要開始考試了，我說：「嘿！讓我讚美一下你們好嗎？」

這句話讓準備考試的蒼白臉色有點血色，眼睛亮了耶！
孩子看著我，我說：「讓我讚美你們創造這樣的教室，跟外太空一樣呢！還有……是誰的點子呢？」

這次，大家把手指向一個人，我一看……
哈！真的就是那個剛剛走過去的學生，我像中樂透那樣樂啊！

我說請你們記得你們創造一個這麼美的教室，好嗎？
以後分班到了新的地方，也要繼續帶著這麼美的能量喔！
雖說隨緣隨分，我們也無關無係，但我還是想邀請有創造力的你們，以後無論在哪裡，都在你的位置上，也創造一點點像這樣美麗的空間，好嗎？

學生都笑了，可能是笑這個老師怪怪的吧！
可是，能笑笑的開始考很難考的試，應該也滿難得的！就笑吧！

考完，我跟那位設計教室布置的孩子聊了一下，聊著聊著，忍不

住請他讓我陪他找印記。

這位同學正是黃太陽，而且他是雷達一樣搜尋十面八方的共振太陽啊！（我發現令我自動要求要幫他畫印記的人，很多都是黃太陽喔！是光的吸引力太大嗎？）

他是一個還沒認出自己是太陽的太陽。
因為當我要幫他和他的作品拍照時，他一直不要。

「這又沒什麼。」
然後隨意地指出哪裡做得不好，哪裡需要再補……
哈哈！是先認出小黑子的太陽啊！

我帶他感受一下太陽的熱，也說了黑子的有趣現象。
雖然他不是我的任教學生，但是遇到太陽，我很開心！於是就像對自己學生一樣，我也說了印記給他，然後祝福太陽們都更完整放光吧！我心裡是這樣想的。

太陽，要愛你自己的創造！
因為那都是從你身上流動出去的！
我跟太陽說，你好棒，祝福你看見自己有多棒！祝福你接納自己的不棒。

然後啊！孩子說他願意跟作品合照了。
然後啊！當我說「設計師笑一個」時，他笑了。

太陽笑了，天地就亮啦！

故事書裡的太陽公公不都是這樣嗎？

有黑子？

照樣是太陽！

卓爾金曆的最後一個印記 kin260 是宇宙黃太陽，這是一個非常有趣的印記，任何印記和這個宇宙黃太陽合盤（註：合盤就是雙方kin碼相加，得出一個新的命運圖騰，可觀察兩人的關係與功課），就意味著還原回自己，太陽的無私與光芒消融所有隔閡，讓每個人都做回他自己，去吧！去做你自己，我在你身旁。

真是可愛的太陽！

▼▲▽▲▼△▼△▼△▼△▼△▼△▼△▼

附錄：
馬雅13月亮曆法的
星子印記學習

▼▲▽△▼△▼△▼△▼△▼△▼△▼△▼

◈ 休息一下，進入馬雅頻率

親愛的你：

當我這樣呼喚你時，我也這樣叮嚀我自己。即使在接下來的閱讀中有一堆名詞，比如 kin 碼、太陽圖騰、銀河音階、綠色通道……這些看起來像專有名詞的東西會讓你進入一個灰煞煞看不懂的狀態，都請你放下這些。

親愛的你可以只做第一步，尋回自己星子印記就好。
其餘的，就放著吧！把腦子的運作拿掉，讓心去運作。

時機點到了，老師會出現。
或者你自己就成為老師，能看得更深的時刻會到來。

先像玩遊戲一樣，好嗎！
腦從來都是負責規畫與工作的，而心負責創造與遊樂。
《地藏本願經》說：「心如工畫師，能畫諸世間。」看到心的可愛與強大嗎？

來進入馬雅頻率吧！
跟辛苦的大腦說謝謝你，可以休息一下了，換心來接手嘿！

第一步把自己的星子印記找回，換個新（心）頻率呼吸走路看世間。

馬雅老師們會這樣告訴你：
當我們開始使用馬雅曆法，時間將從原來人為的12：60頻率（12月份×一小時 60 分鐘）轉入自然時間法則 13：20（13 音階×20 太陽圖騰）頻率。他讓你生出一個新眼睛，去看見一直以為固著不變，無法動彈的四周。

而透過認出自己五個生命印記，你會有不同的生命領悟，開始練習顯化不同的生命版本。重點是，還不光是顯化在抽象的心靈世界，它同樣協助具象的物質世界成形。有時，我們稱它為奇蹟或是心想事成，而真實的狀態是因為當我們從二次元，轉入三次元、四次元，甚至更高次元去看見更大面積的畫面時，我們看見更多：
我們重新認識自己、家人與朋友……
我們練習去探觸冰山下的流動……
我們開始在抉擇路口，認得出路標，聽得見建議，感受得到愛與溫暖……

這些林林總總，就直接統稱它是訊息場吧！
就像世界從來不是不夠美，只是我缺了美麗的眼一樣，訊息場是冰山藏在海面下的巨大結構，我們以為訊息場不存在，但其實只是自己還沒感知到。

提升高度也不代表不會遇到生命巨浪來襲。
但在這個高度裡看見浪來的我們，至少可以決定此次就被淹沒，

或者要衝浪。當然一陣大浪過後，都是一身濕冷。但心一次次練習止水成鏡，亮眼如鷹，驚惶漸退，失措漸少。

在這本書中，限於篇幅，我無法介紹整套曆法，書裡只先行邀請大家尋回自己的星子印記。

接下來將分成三個步驟來協助你初步接觸馬雅曆法。

如果可以，我還是祝福你找到你的老師做圖騰能量連結與進一步的學習。

放鬆來玩馬雅！
跟不同的老師學吧！我自己這樣玩，這樣學，感覺很好。

每個馬雅老師就像一個個不同的管道，透過他們的視野，可以看見不同的星系，那就像到不同宇宙去玩一玩，然後回到自己，開始興起建立自己宇宙的念頭。

◈ 步驟一　尋回自己的星子印記

這個部分有一套完整又稍稍複雜的計算法則，須按照出生年月日去推算 kin 碼，找出對應的 kin 印記。剛入門，我覺得先輕鬆起步就好，重要的是「好玩」。在這裡我不做計算教學，我推薦你使用你自己的手機，下載「夢語境」的 app，讓 app 來做複雜的計算。

1. 上 Google Play 下載「夢語境」app。

2. 打開右上角以三個點標示的選單（當日日期的右邊），按「調整日期」選擇自己的生日。

3. 看見自己的命運印記。一個印記包含一個太陽圖騰和上頭的銀河音階，我們稱它為一個 kin。

4. 在 app 上面點「天命預言」那個位置，就會看見由五個 kin 組成的星子印記。

5. 接著你可以使用 223 頁步驟二的太陽圖騰和銀河音階解釋，讀取印記。

如果暫時不想下載 app，你也可以在網路上用「馬雅、印記、查

詢」或「mayan、kin（或是 sign 和 oracle）、calculator」當關鍵字，找到能迅速推算印記的中英文網站。

接下來，在這裡提供三個建議：

（1）如果可以，請以心子讀取星子。
　　純粹以文字解讀印記看來清楚，但也時時受侷限。
　　透過靜心，或由老師陪伴靜心，我祝福大家開展自己解讀260個印記的能量。

（2）練習為別人解讀之前，真心建議先熱烈的解讀自己。
　　當我們認出自己有多深，便能看見別人有多廣，這件事百試不爽。

（3）帶著玩心往下探索馬雅。
　　取回印記是第一步，接下來還有認出每階段生命行走路徑的「波符」，更別說每日「棋盤校準」，和用印記整理自己「52年生命城堡」……那種期待與好奇生命越老能越如何呈現的快樂有多巨大！這和未卜先知無干，它和重新認出自己有關。光是這一步，就很精彩（可參考步驟三的「共時」說明）。

步驟二 讀取馬雅知識簡說

1. 太陽圖騰

	圖騰		動能	功能	能量闡釋
1		紅龍 Red Dragon	滋養	存在	誕生與存在，孕育與發源，記憶與智慧，連結家族或萬物業力與願力。
2		白風 White Wind	傳遞	呼吸	風是呼吸，代表語言、溝通與靈性的力量，自由流動、與人交流，溝通。
3		藍夜 Blue Night	夢想	直覺	夢境與夢想，內在直覺力，蘊含在內心的一切豐盛，也連結外在的物質豐盛。
4		黃種子 Yellow Seed	目標	覺察	巨大創造力，只有不斷練習覺知內在潛力，才能萌發巨大潛力。
5		紅蛇 Red Serpent	生存	本能	求生存的力量，生命力與熱情，蛻皮是斷捨離的能量。
6		白橋 White World-Bridge	相等	機會	連接萬物生死，是非，人我之間，次元與次元之間、是延續生存法則的橋梁。

7		藍手 Blue Hand	知道	治療	創造與實現的力量，引動療癒，將空無文字或圖畫創造出實像。
8		黃星星 Yellow Star	美麗	藝術	藝術與優雅，可以是音樂、繪畫、舞蹈、花藝，同時也兼具星星指路功能。
9		紅月 Red Moon	淨化	流動	淨化、清洗與療癒，記得流動，接受變化，不拘執就開闊，分享就幸福的宇宙之水。
10		白狗 White Dog	愛	忠誠	真心和無條件的愛與付出，善良的守護能量。
11		藍猴 Blue Monkey	遊戲	幻象	幽默、詼諧與魔術般的能量，讓人感到輕鬆愉快，同時有著看破幻象的教導。
12		黃人 Yellow Human	影響	智慧	自由意志與思想，若捨小我意識，自由意志還能轉識成智，是人間成就者。
13		紅天行者 Red Skywalker	探索	覺醒	有形無形空間的穿梭探索者，具有意識覺醒的能量，能在靜心中取得實際行動的力量。
14		白巫師 White Wizard	魔法	接收	十分清楚「沒有時間」這個法則，巫師只要進入內在，就連結與生俱來的所有智慧，連結高我對巫師來講，輕而易舉。
15		藍鷹 Blue Eagle	創造	心智	擁有最高視野，能清楚自己要的是什麼，與上天、祖靈與高我連結。
16		黃戰士 Yellow Warrior	詢問	無懼	戰士能戰，從不是問題，戰士的課題是「究竟為何而戰？」戰士本就無懼，問題是往外無懼時，能否往內也無懼。

17		紅地球 Red Earth	發展	共持	大地母親與導航的能量，是自然宇宙的法則，跟隨一切自然的振動同步共時，與水晶礦石有很深的連結。
18		白鏡 White Mirror	反射	秩序	鏡子可以照外如照妖鏡，也可照內成自省力，看見後只需接受，讓鏡子無止境的反射，照出更多真實面向。
19		藍風暴 Blue Storm	催化	能量	非常巨大的轉化力量，看似破壞，其實是要從根部全然改變，是催化與大蛻變。這樣巨大的改變，能帶來更深的臣服，有機會喚醒自己，連結源頭。
20		黃太陽 Yellow Sun	開悟	生命	這是一股宇宙之火，是覺悟的大力。無盡的放射光與熱的同時要記得內在陰影，因為沒有二元，都是合一，無須批判，只有允許。

2. 銀河音階

	調性	名稱	創造力	動力	功能	日常提醒句子
1	•	磁性	合一	吸引	目的	我的目的是什麼？
2	••	月亮	二元	穩定	挑戰	我的挑戰與擴展是什麼？
3	•••	電力	活化	結合	服務	我如何給出最佳服務？
4	••••	自我存在	確定	測量	形式	我的服務可以是什麼形式？
5	━	超頻	強化	掌握	放射	我的最佳力量是什麼？
6	━•	韻律	組織	平衡	均一	我如何往外分享，又往內平衡？
7	━••	共振	通道	激發	協調	我如何八方收訊，又回到中心？

8	•••	銀河星系	和諧	塑造	整合	我有活出我所信仰的生活嗎？
9	••••	太陽	震動	領悟	意圖	我真正的意圖是什麼？
10	═══	行星	完美	製造	顯化	我如何完整呈現我的作為？
11	⚊•	光譜	消解	釋放	放下	我要如何釋放並放下？
12	⚊••	水晶	奉獻	普及	合作	我能如何給出自己，和人合作？
13	⚌•••	宇宙	安忍	超越	當下	我如何在每個當下分享愛？

圖騰和音階合起來就是一個印記，對照卓爾金曆會得到一個 kin。
舉例：

調性　　　•

加上　

就是 kin 1 磁性紅龍。

每個 kin 都是一個很簡單的校準工具，可以用銀河音階的提醒問句，做簡單的覺察，用太陽圖騰的闡釋輔助找到答案。

舉上面磁性紅龍為例，就可以用音階1的問句來檢視：「我（或今日，或這件事情）的目的是什麼？」然後用紅龍圖騰來作答，今天的目的就是「誕生與存在，孕育與發源，記憶與智慧，連結家族或萬物業力與願力」。

以上是基本方法，在我的學習裡，解讀者的能量體會決定答案的精與細、深與微。但若您是初入馬雅，光基本解讀音階與圖騰，拿來當作每日靜心，就很有意思囉！

3. 馬雅月亮曆法

（1）13 月的馬雅月馬雅曆法以七天爲一週，28 天爲一個月，13 個月成一年，28×13=364 天，加上一天無時間日（Day Out of Time），7/25，共 365 天。每一天都有一個 kin 碼，參考上面磁性紅龍的提問方式，可提供每日簡易靜心。

（2）每年從 7/26 開啓全新一年，直到隔年的 7/24。7/25 是無時間日，用來慶祝「時間就是藝術」，有歸零重整休養生息的概念。

（3）每年 7/26 當天的主印記即是當年度的主印記。
　　舉例：2018 年的 7/26 當天的主印記爲宇宙紅月。
　　2018 /7/26 至 2019 /7/24 就是馬雅的宇宙紅月年

4. 卓爾金曆

（1）卓爾金曆代表馬雅一年 260 天的運行，由 20 個太陽圖騰和 13 個數字音階組成，類似中國的天干地支概念，組成 260 個 kin 印記。每一個印記會有一個編碼，稱作 kin 碼。當你找到你自己的印記，你就擁有一個你自己的星子編碼。

（2）卓爾金曆裡頭的綠色格子，稱作綠色通道，其實每一個印記都是通道，只是綠格子區域的能量更大，如果你是綠格子區域的印記，請你更敞開自己，去傳輸讓這個世界更美好的能量吧！

（3）卓爾金曆也可以和《心經》中文版（260 個字）互相參酌，當你找到自己的kin碼，可以找到一個相對應的心經文字，可以拿來靜心與解讀自己。
　　例如：kin 1 磁性紅龍，對應的字就是「觀」；kin 15 月亮藍鷹，對應的字就是「照」，以此類推。

1	21	41	61	81	101	121	141	161	181	201	221	241
2	22	42	62	82	102	122	142	162	182	202	222	242
3	23	43	63	83	103	123	143	163	183	203	223	243
4	24	44	64	84	104	124	144	164	184	204	224	244
5	25	45	65	85	105	125	145	165	185	205	225	245
6	26	46	66	86	106	126	146	166	186	206	226	246
7	27	47	67	87	107	127	147	167	187	207	227	247
8	28	48	68	88	108	128	148	168	188	208	228	248
9	29	49	69	89	109	129	149	169	189	209	229	249
10	30	50	70	90	110	130	150	170	190	210	230	250
11	31	51	71	91	111	131	151	171	191	211	231	251
12	32	52	72	92	112	132	152	172	192	212	232	252
13	33	53	73	93	113	133	153	173	193	213	233	253
14	34	54	74	94	114	134	154	174	194	214	234	254
15	35	55	75	95	115	135	155	175	195	215	235	255
16	36	56	76	96	116	136	156	176	196	216	236	256
17	37	57	77	97	117	137	157	177	197	217	237	257
18	38	58	78	98	118	138	158	178	198	218	238	258
19	39	59	79	99	119	139	159	179	199	219	239	259
20	40	60	80	100	120	140	160	180	200	220	240	260

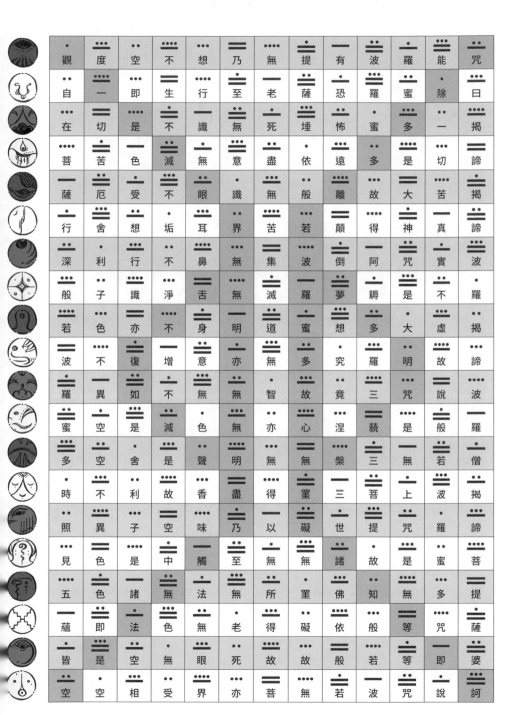

觀	度	空	不	想	乃	無	提	有	波	羅	能	咒
自	一	即	生	行	至	老	薩	恐	羅	蜜	除	曰
在	切	是	不	識	無	死	埵	怖	蜜	多	一	揭
菩	苦	色	滅	無	意	盡	依	遠	多	是	切	諦
薩	厄	受	不	眼	識	無	般	離	故	大	苦	揭
行	舍	想	垢	耳	界	苦	若	顛	得	神	真	諦
深	利	行	不	鼻	無	集	波	倒	阿	咒	實	波
般	子	識	淨	舌	無	滅	羅	夢	耨	是	不	羅
若	色	亦	不	身	明	道	蜜	想	多	大	虛	揭
波	不	復	增	意	亦	無	多	究	羅	明	故	諦
羅	異	如	不	無	無	智	故	竟	三	咒	說	波
蜜	空	是	減	色	無	亦	心	涅	藐	是	般	羅
多	空	舍	是	聲	明	無	無	槃	三	無	若	僧
時	不	利	故	香	盡	得	罣	三	菩	上	波	揭
照	異	子	空	味	乃	以	礙	世	提	咒	羅	諦
見	色	是	中	觸	至	無	無	諸	故	是	蜜	菩
五	色	諸	無	法	無	所	罣	佛	知	無	多	提
蘊	即	法	色	無	老	得	礙	依	般	等	咒	薩
皆	是	空	無	眼	死	故	故	般	若	等	即	婆
空	空	相	受	界	亦	菩	無	若	波	咒	說	訶

◈ 步驟三 練習日常生活頻率校準

1. 和宇宙玩眨眼：享受共時

這個說起來像是一個神話或子虛烏有，只好請你自己嘗試。

當我們開始運用馬雅曆法，第一個好玩的就是共時。根據馬雅老師們的說法，曆法自動導引你進入與太陽系同步的狀態，於是很多以前看來是巧合的事情，其實是安排好的，當你認出時，會驚呼連連。

有一次一個新加坡男孩請我幫他先畫印記，因為他等等要去趕火車，我幫他畫完印記，並在他要離開前，起念跟他說 7 月 24 日（馬雅年的計算是以 7 月 24 日為一年的最後一天）來試著放下更多吧！

他驚喜的大叫，真的假的？什麼真的假的？我和旁邊圍觀的朋友都笑了。
他很興奮的說：等一下要去趕的火車時間是 7 點 24 分耶！怎麼這麼巧！

很巧是嗎？這是剛尋回印記的人的「共時」現象呢！好像突然和

自己以外的時間空間校準了！好像很多以前當他是巧合的事情，開始多到你會以爲有誰在安排！其實啊，只是回到位置，覺察力升高了，那些事其實一直都在身邊。落花水面從來是文章，只是沒有一雙美的眼睛是看不到美的。就像多維度空間一直存在，只是沒有陰陽眼又怎能看出人間不只有我們呢？

每個人察覺共時來的通知是不一樣的，大家可以好好玩一下這個和大我玩的遊戲。那個像是天使眨眼的畫面，來跟你說：嗨嗨！你答對了！

媽媽生病那一年，決定不開刀，決定兩個方向，一個是旅行，一個是修行。

我開始盡量安排假日帶爸媽到處去旅行，而且我刻意在訂飯店時選擇高樓層的飯店，然後我喜歡晚上帶爸媽去吃點用點奢侈的東西，我不是要浪費錢，我只是想讓媽媽有更多體驗，修行交給老師引導，旅行就由我來辦吧！

但是一輩子習慣鬥嘴的爸媽，住在漂亮飯店的高樓層，還是會爲一些小事情不歡喜。有一次又在出門前吵起來。雖是小事，但坐在窗邊等他們氣消的我，有種「我到底在幹嘛？」的感慨。

「這樣做值得嗎？」我想著：「花了時間與精神，陪著爸媽走來走去，結果他們還是吵？我這簡直是在做白工！」
我有點氣餒，百般無奈的看著樓下人來人往的街道。

那時的我很習慣一早起來就會看一下手機裡的每日印記能量，我

知道那一天是黃星星印記。所以當我往下看到十字街口時，我真的是嚇了一跳！

怎麼可能？
那個街道畫的圖案根本就是擴大版黃星星。

我像被電到一樣，有種篤定來到心中！

沒錯！沒錯！**繼續旅行就對了！**
繼續擴展爸媽的生命經驗就對了，其餘都不是重點！

看到了嗎？宇宙畫了一個大大的提示在地面上，在十字路口猶豫不定的時候，宇宙開口說：「親愛的，你做的和宇宙在做的是一樣的事啊！」

那一剎那真是開心啊！我像是突然調過頻率似的，變得好輕鬆。

我起身，微笑：「我們出去玩吧！」

爸媽好像也瞬間被調頻了，說：「好，走吧！」

剛剛那些不愉快，也沒勸說，也沒討論，突然！就是散去了。

我在街上看到了擴大版的黃星星。

好吧，若不想往下深究，其實就當它巧合吧！
蹦蹦跳也是馬雅星子可提供的快樂。
而快樂是很必要的呢！

2. 把每日活成一個奇蹟：寫馬雅日記

當你找回自己印記，我建議你寫一陣子的馬雅日記，可以每天或每週，眞的很忙，也可以在你對當天特別有感覺時寫吧！

把當天的印記寫在日記的任何一個位置，用當天的銀河音階問句覺察一整日的狀況。學馬雅的過程增強了我對發問（尤其是突兀的發問），有了更大的信心。

「突兀」看來像是沒準備，然而突兀也常連結直覺，而直覺來自右腦。看來無厘頭的時刻，其實很多時候是直衝本源，都是重點。這一點在我在體制內玩了十年狂野寫作的經驗之後，更是相信。

我們目前的學習系統讓我們專注在看得見的資料與方法上。
但其實影響學習的還包括看不見摸不著的氛圍（訊息場）。

寫馬雅日記，最好是用狂野寫作的模式紀錄，讓思緒跟四面奔放的流水一樣記下今日一整天的流動，不要自己擋自己，文字會自己帶文字，故事會自己呈現結局，若我們願意一直訴說生命自己會找出路，那我們至少試試，在記錄一整天生活時，忘記起承轉合，忘記要產生激勵或反省……只純粹記錄一天，我的經驗是，尋回星子印記後，因爲覺察度變高，一整天的發生變得清晰而容

易看見脈絡，記錄時常會覺得好多好多好多啊！寫不完，而且邊寫邊興奮，因為都看見了，都看見了。

有時在我自己的教學現場，我會刻意讓孩子練習這樣的直覺。

對於第一次成班的陌生團體，我請孩子玩一種遊戲：我放了音樂，每人拿著一張白紙，到處走動（閉上眼睛會更好玩），碰到一個人就要張開眼睛，然後直覺地寫下對眼前這個人的訊息。

無論是感受也好，故事也好……越天馬行空越好，我總這樣說。

通常玩到最後，笑話多過於答案，看起來是一個老師在做開學暖場或是破冰，但我知道我在做的是在補足……我想補一塊教育裡頭一直在左腦努力，卻放任右腦萎縮的區域：直覺、直覺、直直覺知──看來混沌，卻浩瀚如叢林，亂草蓬勃卻生機盎然的能力，不要小覷。

下面是兩位尋回星子印記的老師們寫的日記，一起分享。

KIN 241 共鳴的紅龍日 重新啟動 白風老師

上完馬雅課回來，星期一體驗了奇妙的一天。異常忙碌，卻開心不已。想說的話通了，無所畏懼。從惡魔變成被尊敬和被愛的老師。需要的人自己出現在你面前，而且是超越時空的那種。今天的心情更是高潮迭起。

1. 奇妙的班會
一早，先跟孩子們說8:00要開班會。那個平常一直吵、猜拳贏得當主席機會的孩子，一開口我就嚇到了：「大家講話要直，不要歪。」我

正要請他說明時，他自己說：「希望大家要講話要舉手，要講好的、正面的話。」完全嚇到我，因為平常最不愛舉手、最愛造負面句子的人就是他。可是，他今天不只「一開口就有力量」，後面主持得也很順利。

生活檢討的時候，站起來的這些人，都是自願的，而且一針見血的點出自己的問題。我請同學們回饋時，大家也都能說出一個以上的優點。我在一旁打字，可是心裡很開心。孩子們真的長大了，「如實」看見也說出自己的問題並且看見別人的好。

開到8:40我說要先休息，因為有三個人要去當校長的小客人，可以跟校長一起喝茶吃點心。結果孩子居然說，我不想去。我問：你想跟我們在一起？下一秒他點頭說：「對。如果你當校長，我再去喝！」頓時全班哄堂大笑，我也笑了。我感謝他的祝福，也開玩笑說：「等我當校長的時候，應該可以教到你們的小孩！」。

2.老師今天好大方
因為答應要等他們回來才繼續開班會，所以剩下12個，一些在訂正，剩下的就問我，可以畫黑板嗎？我正忙著跟如玲講電話，就對他們點點頭。後來還有人問我粉筆可以混色嗎？我也說可以。大概是因為我平常都說不可以，今天什麼都可以。忽然有一個孩子在黑板前大聲說：「耶！老師今天好大方。」頓時，我覺得又好氣又好笑。

3．連贏三場的躲避球
一直到最後一節課，上課鐘響了，孩子都還沒回來。我決定先去上廁所。結果，上到一半，我聽到有兩個男生的聲音。
「你要幹嘛？」
「我要等老師啦，老師應該在廁所。」
（我心想，你們是體育課又吵架了嗎？可是我都沒出聲。）
「可能喔，你看廁所有燈。」
「我要跟她說，我們躲避球贏了！」

我故意假裝沒聽到的開門走出廁所，看見兩三個男生趴在女廁外的欄杆上等我。（畫面超有趣）然後衝過來，很開心的說：「我們贏耶！我們剛剛連贏三場。他們以為我們人最少就會輸，其實才不會。而且

名次就是一班第一，二班第二……我們三個人一人守一邊，一直狂砸…… 」

我邊聽邊讚許，腳才踏進教室，另一個女生忽然衝到我們面前，超大聲的說：「老師，真的耶，要什麼就有什麼！我們一直想贏，我們一直在旁邊加油！就真的贏了。」然後忽然班長從後面說，老師我要抱你，從背後環抱，把我抱離地三次。勝利和喜悅的氣氛在教室裡環繞。這是他們這學期第一次回來不是告狀的體育課，哈哈～

那個當下，孩子的臉頰因為運動流汗像是紅通通的蘋果。
我的心情也一樣激動，感動到想哭。沒下去看他們比賽，似乎錯過了很多。很謝謝孩子帶回來的喜悅。

今天的「紅龍」～真的很有力！總之，今天孩子們和老師都過了「美好的一天」。

KIN 238 自我存在的白鏡日 藍手老師

正在找眼鏡布，收音機傳來一段話，之後，主持人談到「神」……
有人說：「為什麼這樣的內容也要提到神？」

我才剛想「用力」說服說者不要這麼排斥。便想到，自己以往的態度——我也曾經因為覺得這樣的談話和我的信仰不太相關，而想「轉台」……

但，最近學完馬雅，我稍有不同體會。

無論談的是「神」或是「佛」， 我們都可以試著與自己的內在連結。

內在有很本能、很基本需求的「本我」；有處理現實世界種種課題的「自我」；也有提升高度，良知道德的「超我」。與神（或與佛）的連結，也是與更高的自己連結，也要往內探索自己啊……就好像對於「一切眾生皆有佛性」，我也曾深感困惑。

在自我存在的白鏡日，提醒自己，來到我們面前的每一個人， 都在幫助我們， 讓我們更清楚看見我們自己……

有時，自以為看到的是這樣那樣……其實我們看得並不夠清楚。雖然戴了眼鏡， 也要擦拭乾淨，才能看得更明白。

今日適合學習這句馬雅語言：
In lak'ech，你是另一個我；A lak'en，我是另一個你。

3. 身體就是一部活曆法：連結印記做靜心

「和印記說話」是我學習馬雅星子之後，有趣的小遊戲，大家可以試試。

雖然很多朋友開我玩笑說我沒事學一個已經滅亡的曆法做什麼呢？或老問我：「你是家事做得不夠多嗎？」

哈哈哈！我嘗試要說著如何藉著一個曆法，感受浩瀚宇宙中藉由20 圖騰與 13 音階交叉，像是在 XY 軸中找到一個位置的喜悅感，但是實在資料太龐雜，一時片刻說不清，後來乾脆分享用印記靜心吧！

直截用印記靜心，簡單。

你可以呼吸，深呼吸，用任何你偏愛的系統去靜心，去呼吸……睜眼看著印記……

閉眼看著印記⋯⋯
睡前看著印記⋯⋯
醒來看著印記⋯⋯

都好！它就一直在那裡，舒服最重要。
心子舒舒服服地聽，星子就清清明明的說，很好玩的。

我自己的經驗是：
靜心時，思緒是水是風，水引著水，源泉滾滾；風帶著風，四野
無涯。只要允許它，接納它，傾聽它，更多的對話會到來，自己
的解讀系統能更展開，多到比你現在讀到的印記說明還要好玩更
多呢。

馬雅月亮曆法中用音階與圖騰為每個人在這個宇宙間找到一個印
記，就像是給一個小行星命名一樣，我不想說它像算命一樣有多
準，這些年感受到的是，曆法是活的，因著我們生命能量的轉變，
它傳遞給我們的解讀也會不同。只有透過靜心，你才能打開自己
的解讀系統，那和聽老師把每個印記說一次給你聽是不一樣的，
那是知識，知識都是聽來的，而生命要的是智慧，智慧要自己實
作、走過、經驗過。

我很喜歡馬雅人說每個人都是一部活的曆法，一部行走的曆法，
那像是整個宇宙都在細胞裡運轉，像是整個星系都在氣脈裡流動，
很令人歡喜。

而實際上，我們的 20 個指頭（手加上腳）也正好是 20 個圖騰，
我們身體 13 個大關節也就是 13 銀河音階的位置，當我們想用印

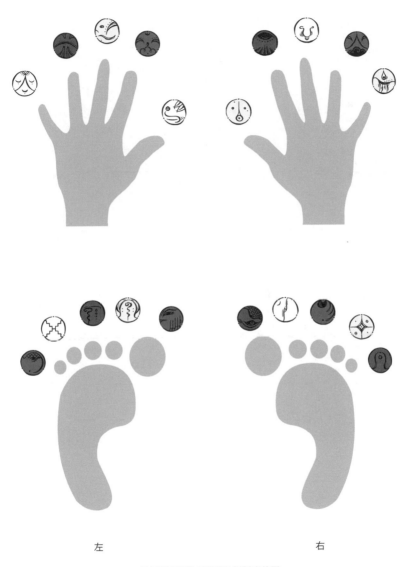

左　　　　　　　　右

20 個太陽圖騰與手指腳趾相對應位置

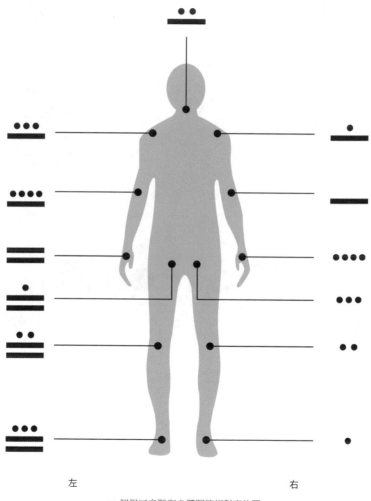

左　　　　　　　　　　　右

13 個銀河音階與身體關節相對應位置

記靜心時，可以把印記放在（真實的以一張印記卡片放上去，或虛擬的以意念放入）相對應的位置上，然後靜靜聽內在的聲音吧！別擔心，聽到或聽不到都是一種聆聽，去信任自己的內在有最棒的指引，給自己一個安靜時刻，只是這一次我們用星子印記的管道進入而已。

祝福大家在星子間飛行，玩得愉快喔！

FOR2 38
認出光速小孩：擁抱教育現場的自己

作者　　　　潘如玲
圖騰繪製　　Trinity Chang
責任編輯　　張雅涵
設計　　　　林育鋒
製表　　　　許慈力
排版　　　　Isabelle、許慈力
校對　　　　呂佳眞

出版　　　英屬蓋曼群島商網路與書股份有限公司台灣分公司
　　　　　發行：大塊文化出版股份有限公司
　　　　　台北市 105022 南京東路四段 25 號 11 樓
　　　　　www.locuspublishing.com
　　　　　TEL: (02)8712-3898　　FAX: (02)8712-3897
　　　　　讀者服務專線：0800-006689
　　　　　郵撥帳號：18955675　　戶名：大塊文化出版股份有限公司
　　　　　法律顧問：董安丹律師、顧慕堯律師
　　　　　版權所有　翻印必究

總經銷　　大和書報圖書股份有限公司
　　　　　地址：新北市 24890 新莊區五工五路 2 號
　　　　　TEL: (02)8990-2588　　FAX: (02)2290-1658
　　　　　製版：瑞豐實業股份有限公司

ISBN：978-986-96168-4-3
初版一刷：2018 年 9 月
初版二刷：2023 年 11 月
定價：新台幣 380 元

Printed in Taiwan

認出光速小孩：擁抱教育現場的自己 / 潘如玲 著 ——初版 ·
——臺北市 : 網路與書出版 : 大塊文化發行, 2018.09
244 面 ; 14.8*20 公分 (FOR2; 38)
ISBN 978-986-96168-4-3(平裝)
1. 臺灣教育 2. 班級經營 3. 師生關係
520.933　　　　　　　　　　　　　　　　107013324